CÓMO VOLVER LOCO A TU HOMBRE EN LA CAMA

CÓMO VOLVER LOCO A TU HOMBRE EN LA CAMA

*Técnicas irresistibles
para multiplicar el placer*

El manual de la geisha moderna

Tina Robbins

Cómo volver loco a tu hombre en la cama
© Tina Robbins, 2000

~~~

Textos adicionales: Judith Planas,
Zoila Rodrigo, Rodolfo Román
Portada: Enric Iborra

~~~

© Océano Grupo Editorial, S.A., 2000
Milanesat, 21-23 - EDIFICIO OCÉANO
08017 Barcelona (España)
Tel.: 93 280 20 20* - Fax: 93 203 17 91
www.oceano.com

~~~

Derechos exclusivos de edición en español
para todos los países del mundo.

ISBN: 84-494-1673-6
Depósito Legal: B-15786-XLIII
Impreso en España - *Printed in Spain*
00192030

Índice

Nota editorial

En este libro indagamos sobre la vida sexual de los hombres, desvelando algunos deseos y pensamientos que guardan celosamente. La actividad sexual suele mostrar con precisión muchos detalles escondidos de la personalidad; por eso, ¿quién no se ha preguntado alguna vez sobre sexo sin obtener respuesta?

Tanto si se trata de personas jóvenes, con ganas de aprender alguna destreza que enriquezca su experiencia, como de alguien mayor que quiera recuperar el interés por parte de su pareja, el sexo es un tema del que todo el mundo tiene algo que decir. Y, por satisfactoria que sea la relación, ¿por qué no profundizar un poco más, o descubrir alguno de esos detalles?

Los que prefieran otras perspectivas, y también otras respuestas, las encontrarán en otros títulos de la colección, y en las páginas finales de este libro. Desde el arte del *Tantra*, o los diversos tipos de masaje sensual y las técnicas de respiración hasta toda una serie de ejercicios, recursos y reflexiones relacionados con la alquimia del deseo.

En esta ocasión queremos saber más acerca de los hombres: qué les motiva, cuáles son sus preferencias y deseos más íntimos. Qué actitud adoptar, en la práctica y de forma clara, para vivir el amor erótico tras la revolución sexual.

Durante la preparación de este libro mi equipo y yo hemos utilizado abundantes encuestas, testimonios e informes. Una vez resumidos y agrupados ha sido más fácil la tarea de identificar las cuestiones más significativas.

En la redacción final del libro han participado los amigos y colegas del *Instituto Tellus*, a los que agradecemos su colaboración. Se ha elegido un tono próximo y desenfadado: hemos procurado escribir al margen de sentimientos de «culpa» o de algunas creencias o ideas religiosas sobre sexualidad.

En las páginas que vienen a continuación se mencionan prácticas no necesariamente aceptables para todo el mundo, lo cual refleja la variedad de costumbres y preferencias que existen. Sucede lo mismo, por ejemplo, con la comida: no todos disfrutamos con el mismo menú; es más: algunas preferencias culinarias, que para unos son aconsejables, para otros llegan a ser un «tabú». ¿Quién, en Occidente, no sentiría repulsión si le ofrecieran un plato de gusanos? Y sin embargo, como es sabido, en las islas del

---

Sólo hasta donde tú quieras llegar

Recuérdalo siempre: esto no es una *competición* en ningún sentido. Ni se trata de «hacer una carrera» para ver quién es más «atrevido» o más... ¿«sucio»? El límite lo pones tú. Nadie debe obligar ni ser obligado a hacer algo que no quiera o que no le apetezca.

En este libro se recogen fantasías en materia de sexo, no malos tratos reales, tanto si son de tipo físico o psicológico. El daño puede relacionarse con prácticas sexuales, pero el *límite* lo pone cada persona, junto con la idea general de fondo de no hacer daño (físico o psíquico) al prójimo. Aunque a veces el hilo que separa placer y dolor sea muy delgado y los límites resulten difíciles de fijar. Igualmente se han descartado prácticas sexuales comúnmente consideradas como peligrosas, como el estrangulamiento simulado y otras.

Pacífico los insectos y los gusanos son el más apreciado de los manjares. En la comida, y en el sexo, lo que para unos es una sabrosa delicia a otros les repugna, o lo consideran muy vulgar.

Presentamos pues unos ingredientes sexuales, nuevos y viejos, **para cocinar el amor al gusto de cada uno.** ¿El amor? Os parecerá reiterativo, obvio y casi innecesario que recordemos las maravillas del amor, que no es sólo lo contrario del miedo. Con amor todo parece tener sentido *¡incluso la práctica sexual!* Pero insistimos: «*Cómo volver loco...*» es un libro dedicado al *sexo*.

Para transmutar el deseo... y disfrutar mejor del amor.

Buscando otra cosa

*¿El sexo? Es lo más divertido que se puede
hacer sin reírse.*

(MANHATTAN)*

¿Qué ha cambiado?

Enciendes la televisión y, ¿qué ves? Chicas espectaculares
anunciando coches no menos increíbles, chicos bronceados,
musculosos y muy atractivos ofreciéndote bebidas exóticas… La
televisión es el escaparate idóneo donde el sexo está presente en
cada anuncio, en cada programa. Hasta los inocentes concursos
se dejan llevar por alusiones más o menos explícitas.

No es nada raro, se trata de un reflejo de la sociedad en la que vivimos. Las relaciones sexuales se viven, cada día más, de forma natural y espontánea. La mujer ha ido cambiando su papel en estas situaciones y ya no es el elemento pasivo de hace años, cuando debía
esperar que el hombre se acercase para iniciar un encuentro.

Muchas mujeres ahora trabajamos fuera del hogar, lo cual ha ido
creando otra perspectiva de la vida. Al no quedarnos en casa esperando el regreso del varón, y al salir en busca de un sueldo, ha faci-

---

* *Las frases iniciales corresponden a películas de Woody Allen,
  excepto en los capítulos 1 y 5.*

litado el contacto con ellos de igual a igual, luchando por el mismo cargo. Eso nos abre unas perspectivas nuevas, con consecuencias en el campo de las relaciones íntimas.

Según la edad

Si te encuentras en una discoteca o en un lugar de ocio y te gusta un chico, ya no tienes que ponerte a hacer miles de señales para que él te vea, te dé su aprobación y se acerque a ti. Ahora eres tú quien puede iniciar una aproximación sin que parezcas una «chica fácil» (¡qué definición tan horrorosa!, ¿verdad?) Y sin embargo, como veremos, todos esos cambios han traído otras complicaciones.

También en la cama hemos dejado de ser un elemento pasivo, que sólo les servía para tener placer ellos. Hubo un tiempo en el que la mujer tenía que disimular sus orgasmos porque si disfrutaba «es que era una fulana». En la actualidad el hombre ha aprendido que tú también tienes un cuerpo que responde a los estímulos sexuales y que necesita ser complacido. Pero aunque no es fácil romper con años, con siglos de dominación masculina, comenzaremos por aprender a mostrar las cosas que nos gustan y a descubrir cuáles son las que les gustan a ellos.

Tú decides

Éste es el motivo de este libro. Conocer cómo puedes convertir una relación agradable en una plenamente satisfactoria. Existen infinidad de cosas que puedes ir haciendo para que tu pareja pierda la cabeza y se «vuelva loco» de placer contigo. Te propongo que las descubramos juntas. ¿Te animas?

Algunos autores recomiendan que no prestes nunca sus libros, porque la tendencia general es que una vez que han salido de tu casa, nunca más vuelven a entrar. Yo no opino así, me gustaría que si este libro te resulta útil lo pases a tus amigas, a tus compañeras de trabajo, a toda aquella mujer que pienses que puede necesitarlo. También puedes recomendarlo para que se lo compren, pero lo importante es correr la voz, decirle a las mujeres del mundo: «¡Eh, despertad, hagamos algo para que pierdan la cabeza por nuestros huesos!»

En fin, te dejo que comiences la lectura. No es necesario que lo termines para empezar a aplicar su contenido. Puedes hacerlo desde la primera página. Busca en él lo que más te apetezca realizar y deja libre tu cuerpo y tu mente. Y sobre todo, ¡disfruta!

Un poco de psicología

Me devora mi miedo devorador
a ser devorado
por tu miedo devorador a que te devore.

R.D. LAING

Ante todo ten en cuenta que deberás desinhibirte, desmelenarte un poco, observar tus miedos –¡todos tenemos algún miedo!– y, sobre todo, perder el miedo a hacer el ridículo. Una pareja forma una unidad y una parte no puede hacer nada por la otra si, previamente, no lo hace por sí misma.

Es más, de poco sirven las pócimas, recetas mágicas y afrodisíacos que transforman a la pareja por unas horas en una bestia del sexo. Una vida sexual intensa requiere algo mucho más básico y esencial: concebir el sexo como una parte más de la vida, sin darle una importancia tan grande que te pueda echar hacia atrás en el momento clave.

Estos apuntes pueden ayudarte a conseguir esa naturalidad.

Tu cuerpo, lo espiritual y la lujuria

Los seres humanos estamos considerados como el último escalafón en la evolución animal. Se dice que nuestra diferencia reside en que tenemos **alma**, lo cual ¡puede ser un problema! porque a menudo, la espiritualidad mal entendida nos coarta. ¿Te has acercado alguna vez a un zoo? O quizá tengas la fortuna de vivir en un entorno natural. Los animales retozan sin complejos, ajenos a todo y procurándose placer, sin más.

¿Es la espiritualidad el enemigo de la lujuria? Claro que no. Basta con que leas los locos amores de los místicos para saber que lo importante es no confundir las cosas. Hay que colocar cada cosa en su lugar, tanto si se trata de tabúes como de convencionalismos sociales. En contra de lo que digan los tópicos de las religiones organizadas, se puede ser perfectamente místico y «cachondo». Ahora que nadie nos oye, podríamos decir que es casi imprescindible.

A lo largo de la historia, los impulsos eróticos del varón han sido controlados por la moral. A la mujer no se la trató mejor. Se consideraba que el único propósito del acto sexual era tener hijos, negándole toda capacidad placentera, y en algunos casos extremos se le llegaron a aplicar castigos físicos brutales.

Hace décadas se hablaba de la liberación de la mujer; llega ahora el momento de establecer otra revolución, la de la liberación de los valores de la sexualidad, tanto masculina como femenina. Se trata de encontrar el equilibrio sexual.

Una mirada al espejo

En una ocasión me preguntaron si era posible tener relaciones sexuales satisfactorias y plenas sin tener un cuerpo hermoso y bien proporcionado. ¡Éste es el primer paso que hay que superar! Olvídate de tu cuerpo: para respetarte… ¡piérdele el «respeto»!. Te explicaré un sencillo ejercicio que te recomiendo encarecidamente que hagas antes de seguir leyendo.

Ponte frente a un espejo de cuerpo entero. Sin ropa. Obsérvate bien: las piernas, las caderas, los pechos, el vientre. Sí, el culo también. Ahora detente un momento e introduce en la boca los dedos pulgar e índice de cada mano. Ábrelos tensando los labios hasta que se vean los dientes y las encías. Trata ahora de abrir y cerrar la boca y si todavía no te has muerto de risa, mira fijamente la imagen que te devuelve el espejo. ¿Te sientes ridícula? Por supuesto. El cuerpo es el envoltorio de lo que en realidad somos. ¿Qué más da ser alta, baja, gordita o tener una delantera espectacular? Por cierto, algunos de mis amigos me han confesado que les encantan las chicas con pechos pequeños (y los que tienen más experiencia ya han aprendido a apreciar también las otras cosas…)

La imagen que te devuelve el espejo es sólo eso, una imagen, y hay que asumirla con alegría, pero cuando te pongas el vestido que te hace tanta ilusión y notes algún michelín queriendo asomar, recuerda que en realidad, debajo de él, está la verdadera hermosura, la que nace del interior, y ésa es la única que importa en las relaciones sexuales. Nadie deja de desear a otra persona porque tenga un trasero grande o porque pese algún que otro kilo de más, durante el acto sexual todo eso carece de importancia. Pero sí se desbaratan algunas historias por una actitud desagradable del otro.

Dejarse llevar

Es sumamente importante dejarse llevar para disfrutar de cualquier placer. Es un sentimiento que reconocerás porque te sientes ligeramente eufórica, como si hubieses tomado una copita de más… o dos…

Una actitud excesivamente consciente, el quererlo controlar todo y en cada momento dificulta que el placer fluya.

Piensa en algo cotidiano, como un delicioso plato de comida. Te gusta observarlo un momento, pero si te detienes demasiado antes de probarlo puede que te harte y acabes tirándolo por la ventana. Prueba también a mirar un cuadro. Puede parecerte hermoso. Aléjate ahora hasta que únicamente veas una mancha de colores. ¿Qué te parece? Seguro que un horror; y si te acercas a un palmo sólo verás montoncitos de pintura sin ninguna forma. Para disfrutarlo debes tener una cierta distancia. Esto mismo ocurre con las relaciones sexuales. Hay que dejar hacer al cuerpo, dejarse llevar y dejar en su lugar a «la voz de la conciencia».

¿Recuerdas que antes hablábamos de los animales y su completa libertad a la hora de aparearse? En el acto sexual se experimenta una cierta embriaguez que sólo disfrutarás si te dejas ir. Lo que en los animales es fruto de reacciones corporales admitidas, a los seres humanos se nos cuestiona: feromonas, celo, etcétera. ¿Y por qué? ¿Por qué no podemos nosotros disponer de esa libertad? ¿O acaso la tenemos y no sabemos cómo utilizarla?

Creatividad y sinceridad

En la vida, y sobre todo en el sexo, la creatividad es fundamental. No, no quiero decir ahora que inventes mil fantasías eróticas para sorprender a tu pareja, no es sólo eso. Se trata de crear una visión propia del mundo, de sentir el propio placer sexual, sin hacer caso de mitos o teorías. Hay que alcanzar la fuerza interior y actuar dejándose llevar ¡otra vez! por los deseos sinceros que salen de adentro.

No hay nada más provocativo que el deseo sexual sincero.

El sexo es un aspecto completamente subjetivo de la vida humana; tu sexo es el tuyo, sin comparaciones. Por un instante deja de lado tamaños, frecuencias, minutos y centímetros… y disfruta.

Pero, ¿qué quieren los hombres?

En cuanto a «él», hay algo que, además del sexo, lo hace diferente a nosotras. Se trata de su dificultad para *entendernos* más allá de esa «imagen del espejo» que comentábamos antes. Por ejemplo, a muchos hombres les horrorizan los detalles demasiado «familiares» porque les recuerdan tareas domésticas y lazos excesivos (ya sabéis: la casa, los niños, la colada...) y buscan relaciones sofisticadas y «sin problemas» en forma de aparatosa lencería, altísimos tacones o muy finos tejidos.

Otros buscarán cualquier otro argumento como pretexto para justificar sus ganas de cambiar: desde un simple cambio de humor hasta la forma de dar salida a la frustración vital más ingenua. Además, si son jóvenes, la cosa se ve aumentada por su inexperiencia y porque mantienen sueños imposibles alentados por imágenes publicitarias.

Si son mayores la situación es la misma, porque necesitan dar salida a su instinto de enfrentar la *conquista* de cada día. Si en el trabajo se frustran sus sueños de control y *dominio* intentan buscar recompensas en la **seducción**, que, a menudo, resulta tan atractiva como el poder. Ni que decir tiene que eso les lleva a meterse en unos líos tremendos.

Ya ves que, de una u otra forma, los hombres mantienen aún hoy día una idea un tanto extraña de «comerse el mundo». Que eso cambie depende en parte de ti, y por suerte tienes muchos recursos. Recuerda: el sexo crece con la **fantasía**... y se desarrolla con el goce de los sentidos.

Para mantener el hechizo y la magia de la situación habrás de conservar el equilibrio entre el **misterio** y la **complicidad**, más o menos familar. El factor sorpresa es muy importante, y todo ello teniendo en cuenta que no hay dos personas iguales, ni dos parejas idénticas, ni dos momentos *iguales*.

¿Qué quieren los hombres? nadie lo sabe; a veces, ni ellos mismos lo saben. Así que habrás de tener en cuenta también otro detalle importante: no forzar las cosas. Si es que no, es que no. No pongas todas tus energías en algo inútil. A veces los dos quieren querer(se), pero no funciona. El amor, como dijo el célebre premio Nobel, es «física y química». Y si no hay **magia** es mejor que te lo pienses dos veces.

El mundo está lleno de erotismo

Tu visión del mundo es fruto de la educación que has recibido, del aprendizaje que has tenido que asumir, del mundo que te rodea… y debes admitir que no es la única posible.

La vida de cada día suele ser una visión troceada de lo humano. La forma en que cada uno lo ve y lo interpreta. Así ocurre con lo sensual. ¡Nos pasan tantas cosas en un minuto! ¿No te has encontrado de repente, en el autobús, o en un comercio, que de pronto los colores parecen más vivos, que notas un golpe de aire en tus labios; sientes cómo crece la tensión genital al estar cerca de ciertas personas, e imaginas situaciones completamente diferentes? Parece que queremos evitar el contacto entre las personas y, sin embargo, estamos muy cerca los unos de los otros. Y las tensiones que esta situación provoca no siempre son negativas, porque vivimos en un mundo potencialmente placentero, cargado de erotismo.

¡Más egoísmo, por favor!

Lo que voy a decir ahora quizá te suene raro o contradictorio, pero para disfrutar del placer se requiere cierta dosis de egoísmo, de mirar mucho más por el propio placer. Suele decirse que no se puede querer a los demás si la persona no es capaz de quererse a sí misma, y es una gran verdad.

No se trata de que te olvides de tu pareja y te abandones a tu completo goce. Sin embargo, hay muchos momentos en los que queriendo atender las necesidades o el placer del otro no hacemos más que entorpecer la llegada del orgasmo.

A mí también me costó asumir esta parte, pero piensa que, por un lado, se comparte un placer y por el otro hay dos personas que están unidas para saciar su deseo. ¿Egoísmo?

Cualquier hombre agradece este tipo de complicidad por parte de su compañera sexual, mucho más que la entrega ciega hacia ellos. Parece increíble, ¿verdad? Pues es cierto.

Nosotras también participamos

Las historias de que la mujer debe ser un elemento pasivo en la cama han pasado a mejor vida. Quizá todavía no lo sepas, pero ¡nosotras también nos movemos! Dar y recibir placer supone un pequeño esfuerzo físico. Toma nota:

- El hombre no tiene por qué saber interpretar los signos que indican que tú estás disfrutando. Hazle saber lo que te gusta (hay muchas formas que más adelante te contaré) y él cuidará aquellos lugares, aquellas caricias y acompasará la velocidad y fuerza de las penetraciones. Y si no sabe aprenderá enseguida, no te preocupes.
- Mueve las caderas hasta acoplarte con comodidad. Así encontrarás el ángulo y la profundidad de penetración que más te satisfagan.
- En algunos momentos debes apretar el músculo del amor (busca los ejercicios para aumentar la potencia sexual del capítulo 2), para potenciar el placer durante el coito.

- En una posición tradicional conviene que sea el hombre quien impulse las penetraciones con movimientos de la pelvis, *y tú puedes acompañarle*, moviéndote de forma similar, en sentido contrario y siempre de forma coordinada. De este modo los dos disfrutareis de esa embriaguez de la que antes te hablaba.

Paciencia y buen humor

Dicen que es por culpa de Adán y Eva que somos imperfectos y por eso cometemos fallos. Has de saber que en el sexo también existen algunas imperfecciones. De pronto, aquello que funcionaba siempre bien se rompe, y eso afecta a nuestra seguridad. Entonces nos obsesionamos. Comenzamos a pensar que algo no funciona, gastamos toda nuestra energía en resolver el enigma que originó la desgracia. Y en realidad lo único que necesitamos es relajarnos y olvidarlo.

La mayoría de los problemas sexuales son de carácter psicológico. El miedo y la ansiedad son dos enemigos que acechan al placer para acabar con él. Y sólo se puede vencer al miedo olvidándolo y tomándoselo con cariño y, si es posible, con humor, con buen humor.

Podemos distinguir tres tipos de causas que provocan desencuentros sexuales:

Por enfermedades
En este caso es necesario acudir a un especialista.

Puramente psicológicas
Están causados por una ansiedad, miedo o inseguridad que nos acecha hace tiempo. Es posible que se hayan sufrido en uno o va-

rios momentos y en lugar de asumirlo como un suceso más de la actividad cotidiana, se tiende a culpabilizar a sí mismo. Comienza a rondarle la idea de que es impotente si es hombre, o frígida si es mujer, y suele creer que nunca más podrá disfrutar. En estos casos es muy importante la ayuda de la pareja y tomárselo con calma y un poquito de buen humor; si a pesar de todo te resulta imposible vencer tus ansiedades, es aconsejable acudir a un especialista.

Circunstanciales

Sólo se dan una vez, de manera esporádica. A veces queremos tener relaciones sexuales, pero el cuerpo no nos responde y en otras ocasiones nos excitamos sin ser conscientes; la actividad mental y la fisiológica del cuerpo a veces no van a la par.

Para que estos casos no creen ansiedad, la pareja debe estar preparada. Así, cuando hay problemas de erección que no se solucionan con la estimulación manual, bucal u otras, es preferible salir a tomar algo o ir a dormir y dejar la relación para el día siguiente, cuando la ansiedad o el cansancio hayan disminuido.

Lo que acabo de decir también te concierne a ti. Cuando, a pesar de tener deseos de hacer el amor, no muestres signos de excitación es mejor que lo dejes. Discúlpate y propón otro tipo de actividad, los juegos sexuales sin penetración pueden ser muy divertidos, sobre todo si él no se obsesiona con la penetración como la mayoría de hombres. Nunca sustituyas la lubricación natural por una artificial, ni hagas el amor sin placer sólo por salir del paso. No debes forzar tu cuerpo; si él dice «¡no!», obedece. Tu pareja lo entenderá mejor de lo que crees.

Capítulo 2

Claves fisiológicas

—Sí; bueno, hagámoslo de una forma extraña,
la que siempre hubieras querido, pero que
nadie te haya dejado.
—Me escandalizas. ¿Qué forma de hablar
es ésa para una chica de tu edad? Voy a...
voy a buscar mi traje de buceo y verás; te
enseñaré algo que...

(MANHATTAN)

Antes de meternos de lleno en el motivo de este libro hemos de revisar juntas algunos puntos. ¿Te imaginas que llegas al momento clave y tienes que decir, «para, cariño, que me ha dado un tirón»? Ésta es una de las pesadillas que padecen muchas mujeres, así que vamos a tratar de evitarla. Lo primero que debemos hacer es conocer bien nuestra zona genital y la del hombre, sólo así podremos sacarle el máximo partido a ambos.

También te sugiero que hagas algún ejercicio de los que propongo en este apartado. No sólo mantendrás la forma física mínima que necesitas, sino que podrás realizar algunos puntos de tu cuerpo, como los senos.

Entramos en una parte un poco más técnica, la de la anatomía genital, pero no te desanimes, es necesaria para que puedas completar después todo el proceso.

Anatomía genital femenina

El aparato genital femenino se puede dividir en dos partes: una interna y otra externa, es decir, a la vista.

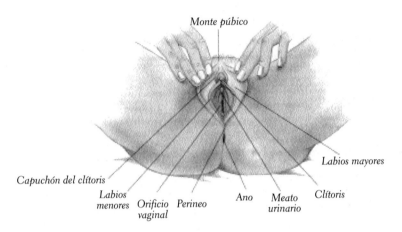

Monte púbico

Capuchón del clítoris

Labios mayores

Labios menores   Orificio vaginal   Perineo   Ano   Meato urinario   Clítoris

Genitales externos femeninos o vulva

Están constituidos por el Monte de Venus, los labios mayores y menores, el clítoris, la abertura uretral, la abertura vaginal y el perineo.

Monte de Venus

Situado entre el abdomen y los labios, cubierto de vello púbico y constituido por tejido adiposo. Su función es la de proteger el hueso del pubis.

Labios mayores

Son los dos labios más externos y gruesos, que partiendo del Monte de Venus acaban en el perineo, rodeando la abertura vaginal. Están constituidos por tejido adiposo y cubiertos de vello púbico.

Labios menores

Son más finos y sensibles que los anteriores y van desde el Monte de Venus hasta el perineo, por dentro de los labios mayores. Rodean la abertura uretral y vaginal para evitar infecciones y en su parte superior cubren el clítoris para protegerlo. En estados de excitación sexual se contraen y se abren, facilitando la entrada del pene en la vagina.

Clítoris

Sólo es visible la terminación externa del clítoris o glande, que se encuentra allí donde se unen los dos labios menores y está cubierta por un capuchón de piel. El clítoris está constituido por un tejido esponjoso eréctil que en estados de excitación sexual se inunda de sangre y adquiere consistencia; en estas circunstancias el capuchón que lo cubre se retrae ligeramente para que el rozamiento durante el acto sexual sea mayor. El clítoris es un órgano extremadamente sensible, por lo que no es imprescindible un contacto directo para su estimulación.

Abertura uretral

Se encuentra entre el clítoris y la abertura vaginal y a través suyo se expulsa la orina contenida en la vejiga.

Abertura vaginal

Bien visible entre los dos labios menores, si hay excitación sexual en ella, aparece un fluido viscoso entre blanco y transparente dependiendo de la época del mes. Cuando la mujer es virgen está cubierta parcialmente por un velo de piel llamado himen. Esta abertura, además de facilitar la introducción del pene en el coito, permite la expulsión de la sangre durante la menstruación y el nacimiento del bebé después del embarazo.

Perineo

Tramo de piel comprendido entre la vagina y el ano. Es una zona refleja del clítoris y presionándolo se estimula.

Genitales internos femeninos
Vagina

Cavidad tubular de unos diez centímetros de largo y de paredes elásticas, estriadas y cubiertas de una membrana mucosa. En estado de excitación sexual la vagina se dilata transversal y longitudinalmente (el cérvix y el fórnix se estiran hacia arriba) para que quepa el pene y sus paredes quedan impregnadas de un fluido lubricante segregado por las glándulas de Bartholin, que sirve para facilitar los movimientos del pene dentro de la vagina.

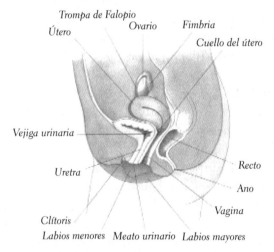

Trompa de Falopio
Útero
Ovario
Fimbria
Cuello del útero
Vejiga urinaria
Recto
Uretra
Ano
Vagina
Clítoris
Labios menores   Meato urinario   Labios mayores

La piel estriada de las paredes vaginales y las contracciones previas al orgasmo provocan una gran estimulación en los genitales masculinos.

Cabe destacar una zona de la vagina por su gran sensibilidad erótica: *el punto G*. La existencia de este punto aún no ha sido demostrada científicamente, pero intenta encontrarlo con tu pareja. Parece hallarse en la pared anterior de la vagina, detrás de la vejiga y puedes localizarlo introduciendo el dedo índice y el corazón hasta la segunda falange; su presión produce un intenso placer.

Fórnix y útero

El fórnix es la parte superior de la vagina que se estira hacia arriba en estado de excitación sexual para dar cabida al pene.

El útero es una víscera en forma de pera invertida unida a la parte superior de la vagina por el cérvix e inclinada hacia delante sobre la vejiga. Consta de dos partes: el cuello, parte inferior más estrecha y unida a la vagina, y el cuerpo uterino, parte superior de mayor tamaño y de la que salen las trompas de Falopio. La mucosa del útero se descama y se regenera periódicamente cuando los óvulos no han sido fecundados, siguiendo ciclos de entre 26 y 30 días (la descamación se conoce con el nombre de menstruación o regla y es perceptible porque la mucosa desprendida, acompañada de sangre, fluye por la vagina hasta el exterior del cuerpo); en caso de fecundación, el óvulo queda agarrado a las paredes del útero, donde se desarrolla. El útero tiene una función reproductora, pero éste no es su único cometido, pues sirve también al placer: durante el orgasmo se producen vibraciones en el útero y algunos sentimientos llamados viscerales se sienten en su interior.

Trompas de Falopio

Son dos y salen en sentidos opuestos de la parte superior del útero. Conectan los ovarios con el útero y permiten que los óvulos desprendidos en la ovulación (que se produce unos catorce días antes de la menstruación) circulen hasta el útero.

Ovarios

Son dos glándulas situadas al final de las trompas de Falopio, que producen óvulos (células sexuales femeninas que pueden ser fecundadas por espermatozoides y dar lugar a un nuevo individuo) y hormonas (sustancias que regulan el funcionamiento sexual y general del organismo).

Músculo del amor

Se conoce con este nombre al conjunto de los músculos del clítoris, la uretra, la vagina y el ano. Interviene en la micción, la defecación, así como en la excitación sexual y el orgasmo. Su actividad es involuntaria, pero puede accionarse de forma voluntaria. Para localizarlo realiza la siguiente práctica: cuando estés orinando interrumpe súbitamente la micción; el músculo contraído para lograrlo es el **músculo del amor**.

En nuestro libro, éste músculo del amor es muy importante.

Anatomía genital masculina

También podemos diferenciar una parte externa y una interna.

Genitales externos masculinos
Pene

El órgano masculino por excelencia es eréctil, de tejido esponjoso y cubierto de piel. El extremo del pene o glande es más grueso y sensible y está cubierto por un capuchón de piel, el prepucio, al que se une mediante el *frenillo*. La corona es el pliegue que une el glande al tronco del pene y también posee una gran sensibilidad.

En estado de excitación sexual los tejidos que lo constituyen se inundan de sangre, el pene se muestra erecto, se endurece,

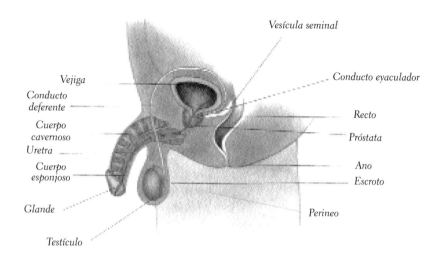

Vesícula seminal

Vejiga

Conducto deferente

Cuerpo cavernoso

Uretra

Cuerpo esponjoso

Glande

Testículo

Conducto eyaculador

Recto

Próstata

Ano

Escroto

Perineo

alarga y engrosa, y el prepucio se retira hacia atrás, dejando el glande completamente al descubierto.

Abertura uretral

La uretra pasa a través del interior del pene y desemboca en el extremo del glande.

Escroto

Bolsa de piel que sujeta y protege los testículos. Durante la excitación sexual o cuando hace demasiado frío se contrae y recoge los testículos contra el cuerpo. El escroto es una zona de gran sensibilidad al tacto.

Genitales internos masculinos
Testículos

Son las glándulas que producen los espermatozoides (células sexuales masculinas) y hormonas. Se encuentran en el interior del escroto, es decir fuera del cuerpo, porque necesitan mantener una temperatura inferior a la del resto del organismo para funcionar correctamente.

Epidídimo
órganos situados al lado de los testículos que recogen los espermatozoides producidos en los testículos y los mantienen en su interior hasta que han madurado.

Vesículas seminales
Producen un líquido que proporciona protección y movilidad a los espermatozoides una vez han abandonado el cuerpo, tras la eyaculación.

Próstata
Es la glándula situada al lado de la vejiga y que conecta a la uretra, tiene como función producir el líquido seminal (líquido blanco y viscoso que, unido a los espermatozoides y a la secreción de las vesículas seminales, constituye el semen). Puedes proporcionar placer sexual a tu pareja estimulando su próstata: para ello debes presionar la pared anterior del recto.

Glándulas de Cowper
Producen una secreción que se emite previamente a la eyaculación para lubricar el glande.

Cómo reconocer si estás excitada
Hay una señal muy evidente que muestra cómo tu organismo comienza a excitarse, a sentir deseo físico hacia la otra persona. Lo que ocurre es que nosotras mismas no podemos verlo. Se trata de un brillo especial en la mirada. Éste suele ser el pistoletazo de

salida. A partir de ahí puedes sentir cómo los pezones se endurecen, hasta que la aureola que los rodea se hincha y el pezón se retrae; los pechos aumentan un poco de tamaño; la piel enrojece, especialmente en el rostro, las nalgas y el vientre; se oscurece la piel de los labios menores y del clítoris... aunque cada mujer tiene una forma distinta de manifestar de forma externa su excitación, y si no reconoces ninguno de los síntomas que te he dicho, no debes alarmarte, seguro que sí manifiestas alguno de los siguientes:

- Lubricación vaginal: en el interior de la vagina se forma un fluido de una textura similar a la de la clara del huevo, que se desliza por sus paredes hasta salir al exterior; este líquido permite la penetración y los movimientos hacia dentro y hacia fuera.
- Erección del clítoris: la sangre inunda los tejidos del clítoris, confiriéndole dureza.
- Las paredes anteriores de la vagina se dilatan y las posteriores se hinchan para poder acoplarse al pene y resistir las embestidas sin sufrir dolor.
- Los labios mayores y menores se retiran para facilitar las penetraciones.
- Aumento del ritmo cardíaco y de la tensión arterial.

Cómo saber si él está a punto

El hombre, por su anatomía, no puede evitar mostrarnos de forma evidente que se encuentra excitado. Ya lo sabes, ¿verdad? Su pene entra en erección y pasa de ser algo lacio e inerme a estar duro y firme. ¡No pueden evitarlo! Pero ¿sabes cómo ocurre? El tejido esponjoso se llena de sangre y el pene cobra mayor dureza, alargamiento y grosor, se levanta entre 90° y 130° respecto a la vertical y generalmente se tuerce hacia un lado. El prepucio se retira detrás de la corona y deja el glande al descubierto.

Pero además hay otras reacciones en su organismo que demuestran la excitación:

- Contracción de la piel del escroto, recogimiento de los testículos contra el cuerpo y ligero aumento del tamaño de los testículos. Cuando se mantiene durante mucho tiempo la erección sin eyacular, puede llegar a producirles dolor.
- Aumento del ritmo cardíaco y respiratorio y de la tensión arterial.
- Enrojecimiento de la piel.
- Oscurecimiento de la piel del pene y del escroto.
- Secreción a través de la uretra de un líquido lubricante. Esta secreción puede contener espermatozoides, por lo que si no se desea un embarazo, es necesario utilizar el preservativo desde el inicio del acto sexual.
- Erección de los pezones.

Y, por supuesto, ese inconfundible brillo en los ojos cuando nos están mirando, con el cuerpo a punto de estallar de deseo por nosotras.

Orgasmo femenino

Si esperas que te diga aquí cómo es un orgasmo, siento decepcionarte. Cada una sólo puede hablar desde su experiencia personal en relación a lo que se siente. Se ha escrito tanto sobre el tema y se ha mitificado tantísimo, que para algunas mujeres conseguir uno es una verdadera obsesión, y se olvidan de que lo realmente importante es disfrutar, obtener placer. Hay mujeres que cuentan que sus orgasmos son como un viaje en la montaña rusa: convulsiones ascendentes y descendentes, sin final. Para otras es como subir en un tobogán, llegar a la cima y dejarse deslizar por la pendiente. Y existe un grupo de mujeres que aseguran no haber tenido ninguno a lo largo de su vida.

Recuerda lo que decíamos al principio: lo importante es relajarse y tomarse el sexo con naturalidad. Si conviertes cada experiencia en la búsqueda del orgasmo perfecto puede que llegue a ser como intentar encontrar el elixir de la eterna juventud: una misión imposible. En realidad cada momento es diferente, aunque la pareja sea la misma. No puedes intentar repetir las sensaciones que tuviste en una ocasión concreta. Tienes que aprender a disfrutar de cada momento, porque éste es único. Sólo así llegarás a alcanzar las cimas del placer, con o sin orgasmo.

A nivel físico, el orgasmo se produce por la estimulación del clítoris y consiste en una serie de contracciones rítmicas, involuntarias y de corta duración, del músculo del amor (conjunto de músculos de la vagina, de la uretra, del ano) y del útero. Psicológicamente ésta es una sensación de extremo placer.

Cuando el orgasmo se produce por estimulación directa del clítoris (con los dedos, frotándolo contra el glande del hombre, colocándolo bajo un chorro de agua, etcétera) es más agudo; muchas mujeres sienten una fuerte necesidad de ser penetradas vaginalmente después de este tipo de orgasmo.

Cuando se produce a causa de la penetración vaginal, el clítoris es estimulado indirectamente:

- Las penetraciones enérgicas que preceden al orgasmo estimulan el punto G, que podría ser una zona refleja del clítoris.

- Estas vigorosas embestidas empujan el clítoris desde adentro.
- Cuando la pareja sexual mantiene una penetración cara a cara, la base del pene y el monte de Venus del hombre rozan el clítoris, mientras que si el hombre penetra desde atrás, estas zonas rozan el perineo de la mujer, zona refleja del clítoris situada entre la abertura vaginal y el ano.
- Los movimientos del pene hacia adentro y hacia afuera de la vagina estiran suavemente los labios menores, haciendo que el capuchón que cubre el clítoris, y que no es más que la unión de estos dos labios, se mueva de forma rítmica sobre él.

Orgasmo múltiple femenino

Seguro que has escuchado conversaciones donde se hablaba de la capacidad de la mujer para tener orgasmos múltiples, es decir que puedes tener varios orgasmos sin necesidad de parar. En ocasiones es difícil marcar el punto en que finaliza un orgasmo y empieza otro, como si todos formasen uno sólo, intenso y prolongado.

Es cierto, hay mujeres que son capaces de alcanzar varias veces la cima del placer en un solo encuentro. Pero que esto no te obsesione. Lo importante no es la cantidad, si no la calidad de una relación. Ya sé que suena a frase tópica, y que en realidad hay mujeres que necesitan un orgasmo múltiple para sentirse a gusto, pero si éste no es tu caso, ¿de verdad cambiarías el decir que has tenido tres orgasmos seguidos a poder asegurar que has mantenido una relación completamente satisfactoria?

Las relaciones sexuales son cosa de dos, y ninguno debe realizar nada que al otro no le apetezca hacer en ese momento. Con un poco de atención intuirás lo que a tu hombre le gusta: el modo de acariciarlo, los lugares que más le excitan, si espera que le susurres al oído… del mismo modo que él hará contigo. En realidad es sólo una cuestión de respeto mutuo.

Ejercitando el músculo del amor

Esta zona puede tensarse hacia fuera del cuerpo o hacia dentro. Si controlas la presión que se puede hacer con ella puedes llegar a darle mucho placer a tu pareja durante la penetración.

- **Hacia fuera:** Cuando estés orinando fuerza la emisión, de manera que el chorro salga a presión.

- **Hacia dentro:** Cuando orines, interrumpe súbitamente la emisión; no debe salir ni una gota. Reemprende la emisión y vuelve a interrumpir hasta que no quede más líquido. Practica a menudo hasta que domines esta técnica.

- **Otro ejercicio:** Contrae el músculo del amor hacia adentro como cuando cortabas la emisión de orina; la contracción debe afectar al ano y a la vagina y debe llegar hasta el clítoris. Relaja y contrae repetidamente durante un minuto. Para finalizar contrae y mantén la contracción durante un minuto entero de reloj. Puedes notar el efecto de estas contracciones voluntarias introduciendo un dedo en el ano o en la vagina, o posándolo sobre el clítoris. También puedes realizar este ejercicio con un objeto fálico en el interior de la vagina; de esta forma notarás con mayor claridad las contracciones voluntarias. Cuanto más desarrollado esté el músculo del amor mayor será la potencia sexual.

De todas formas, procura tener cuidado con estos ejercicios. Como todos los excesos, son negativos. Forzar demasiado los músculos de esta zona puede llevarte a padecer en un futuro de incontinencia urinaria.

Orgasmo masculino

¿Te has fijado en que el orgasmo masculino está mucho menos mitificado que el nuestro? Se hacen chistes y se toma con mucha menos trascendencia. ¿Te has preguntado por qué? Ya hemos dicho antes que debido a su fisonomía el hombre no puede disimular su excitación, y ésta suele concluir en una serie de contracciones rítmicas del músculo del amor, de la próstata y de las vesículas seminales que hacen que el esperma salga por la uretra. Es algo visible, externo, y aunque no lo manifiesten, la mayoría de los hombres suele tener una pequeña dosis de temor a que no ocurra.

El hombre vive la sexualidad de forma exterior, mientras que nosotras, al tener los órganos ocultos, interiorizamos más los sentimientos que nos produce y evitamos hacer bromas sobre ello. Fíjate, sin embargo, en que no tenemos problemas para hacer chistes sobre los pechos. Si son grandes o pequeños, si se caen o no. Son órganos externos y los tratamos con más frivolidad. Sin embargo, psicológicamente el orgasmo masculino es igual al femenino: les lleva a entrar en un estado de máximo placer.

Cómo aumentar tu potencia sexual

¿Verdad que para mantener tu cuerpo en forma haces algunos ejercicios? Bueno, por lo menos aseguras que deberías comenzar a hacerlos. Te habrás apuntado a un gimnasio, o intentarás salir a correr un par de veces por semana, beberás mucha agua, comerás fruta... los hábitos de la vida sana: ¡hay que cuidarse!

Pues para mantener una buena forma sexual es necesario que, además de mantener una actitud positiva frente al sexo, practiques ejercicio moderado con regularidad y realices alguno de los ejercicios y masajes que te explico a continuación.

• **Hidroterapia. Duchas de agua fría**

Tranquila. No se trata de que te olvides del calentador. Una vez que finalices la ducha habitual a la temperatura que acostumbres a mantener, ve aumentando progresivamente la cantidad de agua fría hasta que llegues a cerrar por completo el grifo de agua caliente.

Los primeros días seguramente no alcanzarás a cerrarlo del todo, pero a medida que lo hagas verás cómo progresas. Ten cuidado, no se trata de que cierres de golpe el agua caliente. Prueba mojando primero las manos en agua fría y pasándolas sobre la nuca y el vientre.

Después comienza a pasar el chorro de la ducha por los brazos y las piernas y así lo vas ampliando hasta que lo hagas por todo el cuerpo. Dirige el chorro alrededor de los pechos, dibujando círculos, por el vientre, las nalgas y los muslos.

Recuerda que durante la menstruación debes suspender este ejercicio y, sobre todo, si estás haciendo la digestión.

Pero es un ejercicio que te recomiendo que practiques, sobre todo por la mañana, porque el agua fría estimula la circulación sanguínea y provoca un aumento de la vitalidad ¡y dura menos de un minuto!

Al salir de la ducha puedes continuar frotándote el cuerpo con vigor con una toalla. El frío y la fricción estimulan la circulación, por lo que producen un aumento de la vitalidad y con ella un aumento de la potencia sexual. Saldrás de casa con ganas de comerte el mundo.

Además, estas duchas de agua fría acompañadas de los masajes, reducen la celulitis y evitan la aparición de varices.

Mantén a tu pareja en forma

Las recomendaciones que hemos hecho para tí son igualmente válidas para tu pareja. La diferencia es que ellos pueden observar de forma más evidente los efectos de contraer el músculo del amor: el pene se mueve, afectado por convulsiones voluntarias.

El segundo ejercicio de tensión hacia adentro pueden practicarlo en cualquier momento, aunque los movimientos voluntarios del pene son más perceptibles cuando hay erección. De todas formas, siempre es aconsejable.

Si tu pareja conoce o ha realizado este tipo de ejercicios os será mucho más fácil evitar las dificultades en la relación sexual. Por ejemplo, ayuda a controlar la eyaculación precoz.

Cuida tus senos

Decíamos que una de las partes del cuerpo sobre las que más bromeamos las mujeres son los pechos. Les hemos buscado muchas palabras divertidas para denominarlos... Los dos montículos que se elevan en el tórax son una de las zonas que más atrae a los hombres, sin olvidar nuestro trasero, por el que muchos sienten una especial debilidad. Sea por una instintiva promesa de abundancia o por lo que sea, el caso es que los pechos ejercen una fuerza magnética sobre su mirada y no es extraño que en algún momento de la conversación bajen la vista hacia ellos. Un amigo, del que me permitirás omitir su nombre, podía llegar a tener una erección con sólo intuirlos debajo de la ropa.

Por eso es importante que les dediques un poco de atención.

Aquí propongo algunos ejercicios que te ayudarán a reforzar

los músculos pectorales y te ayudarán a que los senos se mantengan erguidos y firmes.

Ejercicio 1

Ponte de pie, eleva los brazos hacia delante hasta que las manos se sitúen a la altura de los hombros, junta las palmas y entrecruza los dedos (como si fueras a rezar). Aprieta con fuerza una palma contra la otra, aguanta la presión unos cinco segundos y relaja los músculos. Repite la acción unas sesenta veces.

Ejercicio 2

Apoya las manos en los hombros y con los codos, empuja hacia arriba y dibuja círculos; cuenta unos sesenta círculos. Al realizar este ejercicio notarás también cómo se desentumecen las articulaciones de los hombros.

La postura correcta

La práctica de estos ejercicios debes acompañarla de una postura correcta de tu cuerpo a lo largo del día, porque de lo contrario tus esfuerzos ejercitando los músculos a diario no te servirán de mucho. La espalda debe permanecer recta, la cabeza centrada, sin inclinarse hacia un lado o hacia otro y los hombros relajados, evitando echarlos hacia delante, ni mantenerlos apretados hacia atrás de manera forzada.

La postura del esqueleto es una cuestión de hábito y si adoptas malas costumbres durante demasiado tiempo es difícil que logres abandonarlas, como por ejemplo caminar con la espalda inclinada hacia adelante. Si éste es tu caso, puedes acudir a centros especializados donde se practican ejercicios de corrección. Allí se aprende desde la manera correcta de sentarse a cómo se debe caminar. También se localizan y tratan las lesiones de espalda.

Si te observas, podrás corregir los malos hábitos. Puedes seguir alguna de estas recomendaciones para mantener la espalda recta y libre de dolores:

- En la cama, es preferible utilizar almohadas bajas para descansar la cabeza, así no obliga a mantener la cabeza inclinada respecto al tronco.
- Evita los colchones excesivamente blandos.
- Cuando te sientes, apoya los dos pies en el suelo, con las rodillas en ángulo recto, sin cruzar las piernas.
- Procura utilizar zapatos de tacón medio o bajo, aunque tampoco que sean completamente planos.
- No tenses demasiado los tirantes del sujetador; una excesiva tirantez puede obligarte a colocar los hombros hacia delante y a doblar la espalda.

El sujetador: ¿amigo o enemigo?

Si te gusta el deporte, sobre todo el que requiere un poco de acción como correr, saltar, artes marciales, etcétera, es imprescindible que uses un sujetador; los movimientos bruscos hacen que los senos boten y pueden provocar desgarres en los músculos. En las lencerías encontrarás sujetadores para deportistas. Aunque no son los más atractivos sujetan bien toda la zona. ¡Ya tendrás tiempo después de lucir uno que realce tus pechos!

Durante la vida cotidiana el uso del sujetador suele responder a cuestiones más estéticas que prácticas: el sujetador puede realzar los pechos, endurecerlos y levantarlos. Y no olvidemos que muchas veces los utilizamos por cuestiones fetichistas, nuestras o de nuestra pareja, y para seducirlos, por supuesto: un sujetador bonito, insinuante, un par de botones abiertos en la camisa… ¡qué te voy a contar que no sepas!

¿Qué sujetador elegir?

Al margen de esto, es importante usar un sujetador que no sea demasiado grande ni que apriete en exceso. Vigila la talla, el material con que está confeccionado, la forma… Los pechos varían mucho en tamaño y forma, de una mujer a otra. Ninguno es igual. Ni siquiera tu lado izquierdo es igual al derecho.

Es difícil que un mismo sujetador se adapte a todos los pechos, por eso evita compartirlos o pasarlos de unas amigas a otras. Antes de comprar uno escoge el modelo que más te guste. Encontrarás infinidad de colores, formas, con aros, sin aros, con tirantes y sin ellos. Selecciona varios tipos diferentes y prueba tu talla hasta que encuentres el que se adapta mejor a tus pechos.

La talla del sujetador se mide por la copa, no por el tamaño del elástico. Éste puede estrecharse o ensancharse con unos extensores que te venderán en la misma tienda. Si el sujetador es de aros, fíjate en que no te apriete el pecho y siempre es preferible que te vaya un poco holgado a que sea pequeño.

Respecto a los materiales, son preferibles los tejidos no elásticos porque que levantan los senos sin tener que tensar las gomas que pasan por los hombros. Si tensas mucho estas gomas, la de la espalda se levantará y tendrás que apretarla también, de modo que irás con los hombros caídos hacia delante, la espalda curvada y respirarás mal. ¡Todo un cuadro!

Algunas mujeres utilizan el sujetador incluso mientras duermen, porque así mantienen los senos recogidos. La verdad es que es un error. Durante el descanso debemos evitar gomas y ropas que opriman el cuerpo e impidan que la circulación sanguínea sea fluida durante las horas de sueño.

Masajes en la ducha

Cuando vayas a terminar de ducharte comienza a templar el agua, mezclando la fría y la caliente hasta que consigas cerrar ésta del todo.

Los naturistas buscan reforzar las defensas del organismo y defienden el paso directo, brusco, del agua caliente a fría. En este caso la **reacción corporal** que se consigue es importante si inmediatamente te abrigas bien mientras, poco a poco te vas secando.

Aplica un chorro de agua fría sobre los senos. Mantén el chorro debajo de un pecho unos diez segundos y a continuación recorre círculos a su alrededor durante un minuto (los primeros días te costará un poco aguantar el frío, pero notarás cómo la piel se vuelve más tersa). Repite el proceso con el otro pecho.

Para que sea efectivo, el chorro ha de tener cierta potencia y estar bien dirigido.

También puedes completar este ejercicio con aparatos especiales para el masaje de hidroterapia en los pechos, que se acoplan al extremo del tubo de la ducha.

Una piel suave

Al salir de la ducha no te olvides de utilizar cremas hidratantes corporales. Sirven para mantener la piel elástica y suave y evitan la formación de estrías.

Existen cremas hidratantes específicas para los senos, que además de hidratar, estiran la piel, evitando la caída del pecho. Con la ventaja, además, de que suelen tener olores muy agradables.

Mantén tu peso

Los cambios bruscos de peso, sobret odo los adelgazamientos repentinos afectan negativamente la belleza de los pechos.

Los aumentos de peso hacen que la piel se estire y, cuando son bruscos, la piel no tiene tiempo de adaptarse y se estría (en estos casos es importante aplicar a diario una buena crema hidratante).

Por el contrario, las pérdidas bruscas de peso hacen que el cuerpo pierda mucho volumen de golpe y la piel queda flácida porque no tiene tiempo de recogerse a la misma velocidad; por esto deberías evitar los regímenes agresivos que te prometen perder doce kilos en tres días. Además de ser falsos sólo conseguirás que afecten tu cuerpo negativamente. Si necesitas perder o ganar peso, consulta a un dietista que vigilará tu proceso, y al ser de forma gradual tu cuerpo tendrá tiempo de adaptarse.

Cirugía

El tamaño y forma de los pechos es un tema de conversación habitual entre las mujeres, aunque algunas les dan más importancia que otras. Las modas llevan a obsesionarse por tener.el pecho de una manera o de otra, y por lo general hay que pasar por el quirófano.

En los años ochenta era necesario tener unos pechos enormes y colocados muy cerca del cuello para que un hombre se fijase en ti; los señores preferían las películas pornográficas en las que las actrices mostraban pechos antinaturales, incluso aunque se vieran con cicatrices. Ahora la fiebre de la silicona está a la baja; para ser una chica atractiva no hace falta tener esa… «personalidad» desmesurada. Los hombres vuelven a preferirnos tal y como somos: naturales.

Por supuesto, al citar las operaciones no estamos hablando de aquellos casos en los que una operación es cuestión de mejorar la salud, bien para evitar cualquier tipo de lesiones en la espalda o trastornos psíquicos.

Varios masajes

Los pechos, especialmente los pezones, son muy receptivos a la estimulación. Algunas teorías hablan de una relación entre los pezones y el clítoris, de modo que la estimulación de los primeros produce una excitación del segundo.

Esta gran sensibilidad puede desarrollarse a través del tacto.

- Toma los pechos con las manos, por debajo, y elévalos hacia arriba; suéltalos con suavidad. Repite varias veces.
- Echa el tronco ligeramente hacia delante y empuja con las manos un pecho contra el otro hasta conseguir que se toquen. Actúa suave y sensualmente.
- Acaricia con ligereza los pezones. Lubrica con saliva el dedo corazón de ambas manos y pásalo sobre ellos.
- Coge el pezón entre el dedo índice y el pulgar y realiza movimientos circulares, como si estuvieses enroscando y desenroscando un tapón.

Puedes practicar estos masajes y los ejercicios anteriormente descritos delante de tu pareja, para que disfrute observando, o puedes incluso invitarlo a que sea él quien los haga. ¡Quién sabe dónde puede acabar todo!

Capítulo 3

Claves sexológicas

Nunca sé que hacer cuando se trata de mujeres.
En prisión, recuerdo que el psiquiatra me
preguntó si tenía una chica y le dije que no.
Entonces me preguntó si pensaba que el sexo
era algo sucio y yo respondí: «lo es cuando lo
haces bien...

(TOMA EL DINERO Y CORRE)

¡Por fin! Ya hemos llegado al momento que esperabas.
A partir de ahora entraremos de lleno en el objetivo del libro,
es decir, que realmente «vuelvas loco» a tu hombre... Para ello
tienes que tener siempre en cuenta que el sexo ha de ser algo
divertido, no tiene por qué ser serio o desagradable. Ha de satis-
facteros a ambos, por lo que debes cuidar los detalles. Presta
atención a lo que notas que le gusta y muéstrale las cosas que
te apetecen.

El acto sexual es cosa de dos (y a veces de alguno más) y todo
está permitido en la intimidad siempre que se haga de mutuo
acuerdo. Si él te propone algo que no te gusta, o que no te apetece en ese momento, has de aprender a decir que no. Por ejemplo, a algunas mujeres no les gusta hacer felaciones. Si ése es tu
caso, no las hagas sólo para satisfacer su deseo: dile que no son
de tu agrado y propónle otra alternativa sugerente y estimulante.

A menudo la vida sexual no es más que un fiel reflejo del resto de detalles de cada persona. Así que también conviene que no pierdas de vista (¡y los cuides!) los otros asuntos de tu relación que sean necesarios. De todas formas aquí lo que explicaremos, precisamente, son diferentes posturas, pequeños truquitos y actitudes sexuales. Se trata de que pruebes y elijas lo que más puedan serviros, tanto a ti como a tu pareja. Recuerda que no es necesario que las realices todas y mucho menos en un solo encuentro. No se trata de la cantidad de cosas que puedes llegar a hacer, sino de que las que realicéis las hagáis tan bien, os produzcan tanto placer, que realmente verás cómo «lo vuelves loco».

Te contaré una experiencia personal. En una ocasión conseguí atraer la atención de un chico atractivo, simpático e inteligente. Parecía toda una conquista... hasta que llegamos a la cama. Lo que prometía ser una experiencia fascinante se convirtió en una demostración de las habilidades sexuales del muchacho. Posturita por aquí, vuelta por allá. Además, mi escasa agilidad dificultaba las acrobacias que el pobre chico quería practicar. Si se hubiera dedicado un momento a prestar atención, se hubiera dado cuenta de que eso no me estimulaba en absoluto, y que a lo mejor yo no pretendía que realizásemos el *Kama Sutra* desde el comienzo hasta el final, sino que lo único que deseaba era un poco de placer, sin exhibicionismos. No tengo que deciros que rehuí cualquier tipo de encuentro posterior, y que desde entonces practico algunos *estiramientos* sencillos cada mañana... por si acaso.

Los estiramientos *(stretching)* son sencillos ejercicios que mantienen el cuerpo en forma y favorecen la salud. Puedes encontrar más información sobre estiramientos en los buenos libros que sobre el tema existen en el mercado; en la bibliografía final de este libro te indico alguno.

Piensa, además, que las técnicas y variaciones que han surgido de la práctica sexual provienen de la intimidad de cada pareja, así que lo que aquí te contaremos debes asumirlo como sugerencias, ideas, que luego podrás aplicar adaptándolas según las circunstancias en las que tú y tu pareja os encontréis.

Y sobre todo, recuerda que las relaciones sexuales son como ir en bicicleta: cuando más practicas mejor lo haces ¡Y no se olvida nunca!

Caricias

En el terreno de la sexualidad intervienen todos los sentidos humanos conocidos y probablemente alguno más. El tacto es uno de los protagonistas.

El roce de los cuerpos, de las manos... puede llegar a ser tan sensual que te excites con sólo recordar algunos encuentros que han surgido así. De hecho, la mayoría de las relaciones pasan por esta fase. Piensa cuando acudes a un bar a tomar unas copas. A veces llegas a conocer a algunos muchachos interesantes. Primero existe el juego de las miradas y después llega el diálogo, la mayoría de las veces, divertido, porque el hombre que sabe hacer reír a una chica tiene recorrido una buena parte del camino. Y en algún momento de la noche él roza tu mano. La electricidad que se produce en esos momentos podría iluminar la ciudad de Nueva York durante un par de minutos. ¿Reconoces ese escalofrío que sacude tu cuerpo con sólo el contacto de su piel?

En la intimidad, cuando los dos estáis desnudos, todo el cuerpo está libre para ser tocado, y no sólo con las manos. Utiliza la imaginación para excitarle. Hay puntos en el cuerpo que tienen mayor sensibilidad que otros. Al estimularlos la adrenalina sube y sientes un cosquilleo en las partes genitales. A estas zonas se las llama erógenas. ¡Prueba a descubrirlas!

- **Cara:** desliza suavemente tu mano sobre su rostro: los ojos cerrados, sobre los labios entreabiertos, el perfil de la nariz y la mandíbula…
- **Labios y lengua:** el mejor encuentro se produce cuando las dos bocas se juntan. Abre sus labios con los tuyos y deja que tu lengua vaya a explorar. Puedes juguetear con la suya o recorrer el interior con calma y dulzura. Para sorprenderlo, mordisquéale el labio inferior con tus dientes. Si le haces daño, él te lo dirá, pero el contraste de la suavidad del beso con la ligera presión de los mordiscos le sorprenderá, y no le dejará indiferente.
- **Orejas:** los lóbulos son una zona muy sensible. Tómalos entre tus labios y pasa lentamente la punta de la lengua sobre ellos, mientras respiras profundamente en su oído. Presiona el lóbulo con tus labios o mordisquéalo con delicadeza, pero al mismo tiempo con un toque de picardía. Después recorre con la punta de la lengua el contorno de la oreja.
- **El cuello:** ¿te has fijado bien en su cuello? ¿Y en la nuca? A mí me parecen una de las zonas más sexys de un individuo y se les puede sacar mucho partido. Puedes juguetear con la lengua y los labios, alternándolos. La humedad de la saliva les suele excitar bastante y resulta divertido para ambos. Recorre la zona que va desde el lóbulo de la oreja hasta su hombro con la punta de la lengua. Hazlo cuando menos lo espere, por ejemplo, después de juguetear con su oreja un rato. Notarás cómo se estremece. Pero no lo dejes ahí, besa largamente su nuca. Unas veces, con besos pequeños, otras largamente, y de vez en cuando deja asomar la punta de tu lengua para seguir sorprendiendo a tu pareja. ¡Le encantará!

- **Los pezones:** es una zona delicada. Si no los tratas con cuidado puedes producir algunos roces que tardan un par de días en desaparecer. Pero, claro, cuando estás invadida por la pasión es difícil pensar. De todas formas, juega con la lengua para humedecerlos y evitar estas pequeñas heridas. Mueve muy rápidamente la lengua hacia arriba y hacia abajo sobre el pezón, después succiónalo con tu boca. Ahora cógelo entre dos dedos y estira un poco, observando si le produce placer. Si es así, adelante.

- **Nalgas:** cuando iba a la universidad tenía una amiga que se podía pasar horas mirando los traseros de los chicos. Tenía tanta práctica que hasta los puntuaba. ¡Ah, esos culitos moldeados por los pantalones! Ya sabes a qué me refiero. Ahora tienes uno para ti solita. Cógelo con fuerza y después suéltalo con rapidez. Pasa las uñas sobre las nalgas, de abajo hacia arriba, ejerciendo muy poca presión y con lentitud.

- **Los brazos y los muslos:** fundamentalmente, a un chico los brazos le sirven para abrazarte bien fuerte, y en la cama puede ayudarse de los muslos para sujetarte mejor. Es un abrazo intenso y muy agradable que también tú puedes hacerle. Para acariciarle desliza las uñas lenta y suavemente por la cara interna de sus antebrazos, empezando por la muñeca y terminando en el codo. Acaricia la parte interna de sus muslos de abajo a arriba, usando las yemas de los dedos o incluso las uñas.

- **Pies:** cuando estamos en la cama con alguien casi siempre nos olvidamos de que los pies también existen, y de que participan del juego sexual. Haz un pequeño masaje con ambas manos en los dedos y las plantas de los pies. Esto sirve para aliviar la ansiedad, favorecer la relajación y estimular la excitación sexual.

- **En los genitales:** hay muchas formas de acariciar y estimular los genitales de un hombre. En el apartado dedicado a la masturbación te lo explicamos con detalle.

Hasta ahora te hemos indicado las zonas que puede acariciar, arañar, mordisquear… Existen muchas maneras de acercarse al cuerpo de tu pareja, y la combinación de ellas será lo que acaba produciéndole mayor placer, porque juegas con un factor: la sorpresa. Él no sabe qué harás en cada momento y así se sentirá fascinado esperando la próxima caricia.

- Con la yema de los dedos puedes hacer caricias más o menos suaves.
- Con la palma de la mano le transmites el calor de tu cuerpo.
- Con las uñas: esto produce unas estimulantes cosquillas que conducen a ese inquietante escalofrío que los vuelve locos.
- Con la lengua y los labios: el contacto es todavía más íntimo. Transmites tu calor, tu respiración y tu estado de excitación.
- Con los pechos: ya hemos comentado como los hombres pueden perder la cabeza por unos pechos que les resulten bonitos. Frótalos por su espalda o por su tórax y verás su reacción.

Si quieres hacer todo esto un poco más sugerente puedes utilizar aceites aromáticos. Propónle que te deje extender alguno por su cuerpo. Es una buena forma de comenzar.

Masturbación

Lo cierto es que la palabra masturbación es bastante horrorosa ¿verdad? Suena mal, a algo prohibido. Las religiones suelen amenazar a los jóvenes con las penas del infierno si la practican, incluso aseguraban que produce ceguera. Todo eso es falso. El marqués de Sade la llamaba el nivel 0 de la sexualidad, el nivel de rango inferior, pero también la puerta principal por la que se entra al reino de lo sexual. Lo cierto es que a través de la masturbación aprendemos desde pequeños a obtener placer sexual. La curiosidad, y las hormonas que se revolucionan en la adolescencia, nos empujan a practicarla. Y para alejar el temor a ser condenados nos inventamos otras formas de llamarla...

A través de la masturbación descubrimos qué nos gusta y cómo. Puede ser una buena iniciación al sexo, pero no es sólo eso. El que se comiencen a tener relaciones sexuales no significa que necesariamente haya que dejar de practicarla (de hecho, es una forma de relajarse y soltar tensiones). Hay que saber compaginar las dos cosas. Por ejemplo, puedes pedirle a tu pareja que te satisfaga, orientándole sobre cómo te gusta, o comprar un vibrador y utilizarlo juntos, o incluso puedes masturbarte delante suyo mientras te mira…

Para ellos

Ya hemos dicho que el tacto es uno de los sentidos que más participa en las relaciones sexuales, y el contacto de tu **mano** en sus genitales lo pondrá a cien. A ellos les suele gustar que una mujer los masturbe. Para muchos forma parte de sus fantasías. así que ¿por qué no ayudarles a realizarlas?

• El sistema tradicional consiste en coger el pene con una mano, envolviéndolo con los dedos, y moverla hacia arriba y hacia abajo, ejerciendo más presión al descender, para arrastrar hacia abajo el prepucio, la piel que recubre el glande, y así dejar éste al descubierto. Para darle mayor satisfacción debes mantener un movimiento rítmico y rápido y ejercer presión. Puedes ir variando la velocidad y la presión para incrementar el placer, e incluso cambiar de mano si te cansas, pero no debes parar porque harás que pierda la excitación.

- Como complemento, coloca la otra mano sobre los testículos y acarícialos, así estimulas toda la zona y verás cómo disfruta más.
- Coloca el miembro entre las dos manos y frótatelas, moviéndolas desde la parte superior a la inferior.
- Rodea el pene con una mano, empuja la piel hacia abajo dejando el glande al descubierto. Entonces recorre con la yema de los dedos toda la zona. No te asustes de los gritos de placer que pueda dar tu compañero.
- Coge con una mano la base del pene y forma un anillo con los dedos índice y pulgar de la otra. Recorre todo el pene de arriba abajo.
- Coloca el pene sobre su estómago y frótalo con la parte inferior de la palma de la mano. En esta posición le estimulas la parte posterior y notarás cómo se endurece todavía más.

La mítica felación

Ésta es una de las prácticas con que la mayoría de los hombres sueñan. Consiste en hacerles una masturbación con la boca, y la verdad es que aunque a casi todos les enloquece, a muchas mujeres les desagrada, sobre todo por el temor a tragarse el semen, que, por otra parte, es totalmente inofensivo, independientemente del sabor que pueda tener.

Ya hemos dicho antes que en las relaciones sexuales todo está permitido, siempre que a ambos les apetezca. Nunca hay que hacer nada en contra de la voluntad del otro, así que si tu pareja te propone que practiquéis sexo oral y a ti te desagrada, es mejor que se lo digas, y os pongáis manos a la obra de otra manera. Pero si te apetece probarlo, ahora te explicaremos cómo convertirte en una virtuosa.

Tenía una amiga cuya pareja podía excitarse mirándole la boca atentamente. Un día le pedí que me explicase cuál era su secreto, porque nunca había visto nada igual, y me dijo que a él le encantaba cómo le hacía las felaciones, disfrutaba tanto que con sólo mirarla, podía imaginarla en aquella postura y eso lo excitaba muchísimo. Quizá tu pareja sea de este tipo de hombres. ¿Porqué no averiguarlo?

- Introduce el pene en tu boca y mueve la cabeza hacia delante y hacia detrás, apretando los labios alrededor del pene para ejercer más presión y mover la piel, como si lo estuvieses succionando. Varía la velocidad, según te indique tu pareja.
- Recorre con la punta de la lengua todo el glande mientras sujetas el pene con la mano y lo mueves arriba y abajo.
- Mueve la lengua muy rápidamente hacia ambos lados y luego hacia arriba y hacia abajo, manteniendo un ligero contacto con el glande.
- Lame el escroto y asciende por el tallo del pene pasando por el frenillo hasta el glande; recorre circularmente la parte inferior del glande y acaba realizando un movimiento vertical de la cabeza hacia arriba y hacia abajo, apretando los labios, como en el primer método.
- Puedes acompasar la respiración y aspirar aire cuando succionas y expulsarlo después; cuando note tu cálido aliento ya no podrá contenerse.

¿Y el resto del cuerpo?

¡Eh, qué no sólo tienes manos y boca! ¿Qué hay de tus pechos, tus nalgas, los muslos? ¿No hemos dicho que les encantan? Pues

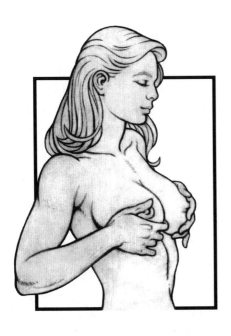

úsalos ahora para que disfruten.

Con los pechos

Ya: hay bastantes chicas a las que no les gusta que les toquen el pecho. Incluso les fastidia. Bueno, es cuestion de gustos... y de paciencia. De todas formas, y si la cosa se complica, no estará de más que tengas en cuenta la posibilidad de hacer un examen de tus senos y hasta una consulta a un buen terapeuta.

Si te animas, lo primero que debes considerar es el tamaño de tus senos. Pero aunque no tengas una delantera como la del Brasil tranquila, puedes realizarlo igualmente.

Si tienes mucho pecho, puedes colocar su miembro entre los dos senos, apretarlos uno contra el otro, empujando con tus manos. Puedes moverlos hacia arriba y hacia abajo, quedarte quieta y dejar que sea él quien se mueva, o incluso podéis combinar vuestros movimientos.

Si tus pechos son pequeños, empuja con una mano el pene contra un pecho y con la otra aprieta el seno contra el pene. Puedes hacer que la punta del pene recorra todo el pecho, dedicándole un ratito a los pezones.

También puedes probar, si el pezón está erecto, a introducirlo en el agujero uretral del pene.

Con los muslos o las nalgas

Son esas pequeñas sensaciones que gustan a cualquier edad y son casi siempre agradables de practicar.

• **Con los muslos**: Estírate boca abajo y deja que tu compañero introduzca su miembro entre tus muslos. Intenta que éstos se toquen, haciendo fuerza para lograr la mayor presión posible sobre el pene. Ahora va a ser él quien debe moverse, como si te estuviera penetrando. Poco a poco se irá acomodando y seguramente ascenderá hasta rozar los labios de la vulva y el clítoris.

• **Con las nalgas**: Colócate en la misma posición que antes y deja que tu compañero introduzca el pene entre las dos nalgas, sin penetrar el ano. Para que el roce sea más intenso, él puede apretar las dos nalgas, una contra la otra, y tú puedes separar las piernas y comprimir los glúteos.

Otros

Puedes masturbar a tu pareja utilizando cualquier parte del cuerpo. La parte trasera de las zonas articuladas es muy adecuada porque permite ejercer presión; en este sentido son útiles codos, rodillas, ingles, etc. También puedes beneficiarte de la sensualidad de ciertas partes del cuerpo, como los cabellos: practica la masturbación manual mientras arrastras delicadamente tus cabellos sobre sus genitales.

¡Échale un poco de imaginación! Por ejemplo, comienza a excitarlo mientras estáis vestidos y continuad con la ropa mientras os masturbáis. Puede añadirle mucho morbo a la situación.

Procurarte placer a ti misma

Olvida los tabúes que siempre te han perseguido en torno a la masturbación femenina. Sólo se trata de una forma de procurar-

te placer a ti misma, y puedes incorporarla en las relaciones con tu pareja, realizándola tú o indicándole a él que lo deseas.

Si eres una mujer con facilidad para tener varios orgasmos continuados, lo primero que debo decirte es ¡enhorabuena!, y lo segundo es que la masturbación os servirá a ambos. A él, porque te producirá el placer que desea darte, y tú, porque podrás sentirte completamente satisfecha.

Manualmente

En principio, existen dos zonas que pueden ser estimuladas durante la masturbación: la vagina y el clítoris. Pero tu cuerpo es un todo, y hay otros puntos que puedes ir acariciando para que las sensaciones ser todavía más intensas, como los pechos o el ano. Tampoco es que haya una técnica especial o una manera correcta de hacerlo. Esto tendrás que descubrirlo tú misma con la práctica. Ver qué te gusta más y cómo lo prefieres. Incluso una cosa que te parecerá una tontería: ¿eres zurda? Piénsalo. Las personas diestras suelen utilizar la mano derecha mientras que las zurdas usan la izquierda. De todas formas, te explicamos algunas formas habituales.

- **Tu amigo el clítoris:** el clítoris es esa zona de tu cuerpo que si la estimulas de la forma adecuada puede llegar a producirte un gran e intenso placer. Piensa que es como un amigo al que debes cuidar, porque él te da lo mejor de sí mismo. Para animarlo, estírate boca arriba o siéntate con las piernas un poco abiertas y con el índice de tu mano frota suavemente hacia ambos lados el clítoris. Lo importante para llegar al orgasmo es encontrar el nivel de presión y la velocidad adecuados y mantener el ritmo. Si es tu pareja quien te está echando una mano, puedes ayudarle con movimientos de tu pelvis.
  Existen incontables variaciones en la masturbación del clítoris. Puedes frotar hacia arriba y hacia abajo o hacia los lados, levantando la piel que lo cubre o sin levantarla, de prisa y comprimiendo el músculo del amor, para acelerar la llegada del orgasmo, o suavemente y sin separar demasiado las piernas, para intensificar las sensaciones.
  Es conveniente que mantengas el clítoris lubricado tomando con un dedo los fluidos vaginales y arrastrándolos hacia él o impregnando los dedos con saliva.

- **La vagina:** ¿Recuerdas que en capítulos anteriores hablábamos de la excitación? Decíamos que uno de los síntomas inequívocos que te permiten reconocer que comienzas a sentirte a punto son los fluidos vaginales. Cuando sientas la zona suficientemente lubricada, introduce un objeto fálico. Puedes hacer uso de uno o varios dedos, de un consolador, de un vibrador... y realizar movimientos rítmicos arriba y abajo, concentrando la presión de la punta del objeto en la zona más próxima a la vejiga. Esta presión puede producirte unas intensas ganas de ir al lavabo. Piensa que también puedes dejarte ir y soltar algunas gotas de orina. A algunos hombres les encanta, sobre todo si se produce encima de ellos. ¿Has oído hablar de la *lluvia dorada*? Pues se trata de esto. Si ambos estáis de acuerdo puede resultar provocativo y morboso.

Éstas son las dos formas más habituales de masturbarte, pero no te sientas limitada: deja volar tu imaginación e improvisa, busca nuevas formas de procuraos placer.

- Introduce dos o tres dedos de tu mano derecha en la vagina y frota rítmicamente el clítoris con el índice de tu mano izquierda; comienza con una fricción profunda y lenta y ve aumentando la velocidad, al tiempo que suavizas la presión. Si mantienes los dedos quietos en el interior de la vagina notarás las contracciones que acompañan al orgasmo.

- Coloca el dedo corazón sobre el dedo índice y llévalos sobre el clítoris. Frótalo hacia derecha e izquierda, presionando con mayor o menor intensidad. Puedes alternar la presión y el frotamiento.

- Toma un mechón de pelo del pubis entre tus dedos, estíralo y suéltalo de golpe; repite la acción con nuevos mechones. A continuación coge los labios menores de la vulva, estíralos y luego suéltalos; comienza por la zona que se encuentra alrededor de la abertura vaginal y termina por la zona que cubre el clítoris.

- Generalmente un lado del clítoris es más sensible que el otro. Comienza frotando el clítoris por el centro, dirige la presión hacia la derecha, estimulando la cara izquierda de tu clítoris, y cambia ahora de dirección, dirige la presión hacia la izquierda, estimulando la cara derecha. Insiste en el lado más sensible.

- Puedes variar las sensaciones masturbándote con la mano que no utilizas habitualmente. Si normalmente frotas tu clítoris con la mano izquierda, prueba con la derecha; si usas los dedos de la mano derecha para penetrar tu vagina, ensaya con los de la izquierda.
- La mitología femenina habla de un lugar en el interior de nuestro cuerpo que puede llevarnos a conseguir el placer absoluto. Si has localizado el famoso punto G, ¡felicidades! Ahora sólo te queda presionarlo con dos dedos y frotarlo como si fuese el clítoris: con un movimiento rítmico hacia dentro y hacia fuera, a velocidad creciente.

Su boca

Al igual que tú puedes producirle placer con tu boca en su sexo, él también puede hacer lo mismo contigo. El nombre técnico es «cunnilingus». Suena bastante feo, ¿verdad? Pero es una práctica muy satisfactoria, aunque hay mujeres que no les gusta y si ése es tu caso, no debes sentirte inclinada a realizarlo. Ahora él estimula tus genitales con la lengua y los labios. Puede seguir hasta que alcances un orgasmo o utilizarlo como una especie de «aperitivo», y disfrutar después con la penetración.

Si ninguno de los dos lo ha realizado antes puedes indicarle cómo hacerlo; hay varias maneras, aunque, como siempre, lo importante es encontrar el punto que os satisfaga a vosotros:

- Acariciar suavemente el clítoris con la punta de la lengua, practicando movimientos circulares, mientras se introducen dos o tres dedos en la vagina.
- Hacer pasar la lengua lentamente por el pliegue formado entre el labio mayor y el labio menor de la vulva, desde la abertura vaginal hasta el clítoris. Descender por el pliegue

comprendido entre el labio menor y el mayor del lado opuesto, hasta llegar de nuevo a la abertura vaginal. Introducir la lengua en la vagina lo más profundamente posible y extraerla, repitiendo los dos movimientos varias veces.

- Colocar la lengua sobre el clítoris, contrayendo sus músculos para que tenga suficiente consistencia, y mover la cabeza hacia arriba y hacia abajo para estimular el clítoris.
- Mover muy rápidamente la lengua hacia la derecha y hacia la izquierda a lo largo de todo el clítoris.
- Cerrar los labios de la boca alrededor del clítoris y apretarlos y relajarlos. Sacar y esconder la punta de la lengua, manteniendo los labios comprimidos y cerrados alrededor del clítoris.

El resto del cuerpo

Parece que al hablar de sexo sólo nos centramos en las zonas genitales y que las manos y la boca son los únicos elementos para ayudarnos a conseguir el orgasmo. Recuerda, amiga, que el resto del cuerpo también puede participar en los juegos amatorios y que puede ser una variante para darle atractivo a las relaciones. La innovación casi siempre sorprenderá a tu pareja y lo más probable es que le divierta probar cosas nuevas.

El mero hecho de que te apetezca llevar la iniciativa ya suele ser un tanto a tu favor. Puede que esos pequeños detalles no le «vuelvan loco», pero desde luego, le gustarán. Aquí te cuento algunos secretillos.

- Siéntate sobre un muslo de tu pareja de cara a él, con las piernas a ambos lados de su pierna y mueve la pelvis hacia delante y hacia atrás.
  Si lo haces durante un buen rato puede llegar a ser agotador para los músculos de tus piernas, así que puedes cambiar la

postura si los dos os estiráis y colocas uno de sus muslos entre tus piernas. Frótate contra él.

- Siéntate sobre los genitales de tu pareja y muévete como antes, evitando que te penetre. Si lo hacéis con la ropa puesta aumentará el erotismo.

- De pie, aprieta un muslo contra el otro y frótalos, estimulando el clítoris.

- Coloca un pañuelo de seda entre tus piernas; coge un extremo por delante de tu cuerpo y el otro por detrás. Arrastra el pañuelo hacia delante y hacia atrás, provocando una intensa estimulación del clítoris.

- Siéntate en el bidé y procura que el chorro de agua golpee sobre el clítoris; si no tienes bidé o éste carece de grifo articulado, prueba con el mango de la ducha. Vigila la temperatura del agua para no quemarte.

- Si tienes una mesa, una silla, un taburete… limpios y con bordes redondeados, siéntate en ellos y frota allí tus genitales.

Las matemáticas

Tranquila, no se trata de que lo sorprendas sacando la calculadora y te pongas a sumar, dividir o hacer complicadas operaciones de aritmética. Parece que algo tan frío y estructurado como los números no tienen cabida dentro de la pasión y el desenfreno de una relación sexual. Pues te equivocas. ¿Has oído hablar del 69? Es algo tan mítico que todos los hombres desean realizarlo alguna vez, y si lo han hecho siempre lo exageran y el resto de colegas les miran fascinados. ¿Porqué no darle una pequeña *sorpresa* a tu pareja –y a ti misma, claro– y proponerle uno? Se trata de colocarlos al revés, es decir, la cabeza de uno a la altura de los genitales del otro, y en esta posición practicar una masturbación con la boca al compañero. Podéis hacerlo estirados de costado, o uno encima del otro. Como en todo, aquí puedes continuar improvisando, variar la boca por tus pechos, etcétera.

Placer para dos

Existen también otras maneras de mastubaros los dos la vez, y los escenarios pueden variar. No tenéis que recurrir todo el tiempo a la cama. Un sofá confortable puede ser un buen lugar, o la ducha, mientras el agua se desliza por vuestro cuerpo...

- *Compartir la ducha:* El agua caliente sobre los genitales es muy estimulante para él; invítale a que te enjabone al espalda y una vez lo tengas en la bañera... ¡al ataque! Podéis adoptar diferentes figuras; escoge la que te resulte más cómoda.
- Sentados los dos, con las piernas separadas y cruzando una pierna encima de su muslo.
- Siéntate encima de él, dándole la espalda y dejando salir su glande de debajo de tus genitales. El agua impactará sobre tu clítoris y sobre su glande a la vez que os frotáis externamente.
- Colocaros del mismo modo que en la postura anterior. Permite que él te penetre mientras el agua estimula tu clítoris.
- *Los dos por detrás:* En las tiendas especializadas encontrarás consoladores con dos puntas, diseñados para ser introducidos en dos orificios a la vez. Si a tu compañero le agrada la estimulación anal, un instrumento como éste puede ser muy útil.
- Colocaros los dos de espaldas y arrodillaros. Introducir cada uno un extremo del consolador en su ano (tú puedes escoger entre el ano o el orificio vaginal). Deberéis coordinar vuestros movimientos siguiendo una de estas variantes:
  – Los dos: empujad a la vez uno contra el otro.
  – Alternancia: cuando uno empuja, el otro permanece quieto y relajado. Hacedlo por turnos.

- **Dentro y fuera:** Una vez que él te ha penetrado, frota el clítoris con la mano. La mejor postura para hacerlo es cuando estás sentada encima de él, como si montases a caballo. En este caso puede ser él mismo quién te estimule el clítoris. Las sensaciones son tan intensas que te impulsarán a moverte de una forma loca, con lo cual, le estarás produciendo un gran placer. ¿Todavía no lo has probado? ¡Pues a qué esperas!

Y recuerda: no nos cansaremos de repetir que es perfectamente normal que alguna de las propuestas del libro te pueda resultar exagerada, extravagante, o que al probarla notes que, para ti o tu pareja, no tiene sentido. Si pruebas un consejo sin notar resultados, no te preocupes: es algo que puede suceder; ¡no pasa nada!

Los complementos

¿Verdad que cuando te arreglas para salir te preocupas más? Por ejemplo, que el bolso sea del mismo color que los zapatos, que el color de tu chaqueta no se pelee con el de la blusa, los pendientes… Claro que no lo haces todos los días, pero hay ocasiones en las que te apetece fijarte en estos detalles. Pues en el sexo hay días en los que a uno le apetece añadir algunos elementos que hagan la relación diferente, especial… Algunos complementos pueden ayudarte a romper la rutina. Cualquier objeto puede convertirse en un accesorio sexual, depende de las preferencias y de la imaginación de cada uno. Los más utilizados son los siguientes:

Consoladores

El nombre de este aparato está muy mal escogido. No se trata de consolar a nadie porque desea obtener placer, ¿no te parece? Quizá sería más adecuado llamarlo «orgasmador», porque esa es su finalidad: ayudar a conseguir un orgasmo. ¿Se te ocurre a ti otro nombre? Los consoladores están fabricados en látex o silicona y tienen forma de pene. La longitud, el grosor, la dureza y el tamaño son muy diversos, para que cada uno escoja el que más le satisfaga, aunque, por lo general los pequeños se utilizan para la estimulación anal y los grandes para la vaginal. ¡Ah! Y también los hay de diferentes colores.

Vibradores

Son aparatos eléctricos de forma fálica que vibran de tal manera que pueden provocar el éxtasis sexual. El único defecto que les encuentro es que, como son eléctricos, no pueden utilizarse en la bañera.

Algunas mujeres, sobre todo en los países fríos, hablan de ellos como si fuesen sus mejores amigos y bromean sobre el hecho de que a diferencia de un hombre, no tienes que aguantarlos después de conseguir un buen orgasmo.

Sinceramente, el vibrador puede utilizarse como complemento para la masturbación o como juguete en las relaciones, pero es preferible que no se convierta en un sustituto de un hombre de carne y hueso.

Anillos para el pene

Se trata exactamente de eso, de anillos de acero o de goma que se colocan alrededor de la base del pene y del escroto para prolongar la erección. Si quieres usarlos tenéis que colocarlo antes de que el hombre se excite y retirarlo cuando se baje la erección.

Primero se introducen los testículos y después el pene. Durante una erección, los tejidos del pene se inundan de sangre, entonces la base queda comprimida por el anillo y el acto sexual puede prolongarse.

Tened un poco de cuidado y no utilicéis otros objetos para esta función. Todavía recuerdo un caso que apareció en el periódico de un señor que en lugar de utilizar un anillo adecuado se puso un cojinete industrial y acabó en urgencias porque no podía quitárselo. Me imagino la cara del médico que tuvo que tratarlo. Como no siempre tienes a mano un anillo de la talla adecuada puedes optar por un remedio casero pero muy, muy eficaz: sustitúyelo por una cuerda o un lazo enrollados en la zona.

Bolas chinas

Es un complemento discreto para ti y que puedes utilizar en cualquier momento sin que nadie se entere. Son dos bolas metálicas, una maciza y otra hueca rellena de mercurio en parte. La primera se coloca en la parte más profunda de la vagina y la otra debajo. Puedes caminar con ellas dentro, de manera que al andar el mercurio se mueve, la bola inferior gira y provoca pequeños choques con la otra; son estos choques los que producen vibraciones en el interior de la vagina y un gran placer sexual.

Tengo una amiga que es una defensora de las bolas chinas. Las lleva por la calle, en el autobús, en casa… pero siempre recomienda no utilizarlas cuando tienes una reunión de trabajo importante. Por respeto a ella no os contaré el lío en el que se metió una vez. Pero podéis imaginarlo, aunque si quieres experimentar sensaciones nuevas, atrévete con ellas.

Estimulantes

Los habrás visto en las tiendas que venden artículos sexuales. Son fundas que se colocan envolviendo el pene, como los condones, pero tienen texturas diferentes, con formas alegres y sugerentes. Sirven para conseguir una estimulación vaginal o anal adicional. Cuidado, no son condones, así que no protegen contra embarazos y enfermedades venéreas, pero son divertidos de utilizar.

Preservativos

Su nombre más popular es «condones», aunque también son conocidos con otros motes populares. Su objetivo es evitar embarazos no deseados y proteger contra enfermedades de transmisión sexual. Puedes usarlo como método anticonceptivo habitual.

Muchos hombres prefieren no utilizarlos; a algunos incluso les inhibe la presencia de un preservativo y se les acaba la erección. El argumento de la mayoría de ellos es que les resta sensibilidad, pero lo cierto es que cada vez existen condones más finos que permiten percibir de forma muy parecida las sensaciones de la práctica sexual «sin». Lo que sí es seguro es que colocar un preservativo puede romper la pasión del momento: parar la acción, buscarlo, sacarlo de la funda… ¿sigo?

Una pequeña solución es tenerlo preparado de antemano y encontrar un sistema que os satisfaga a ambos para que la intensidad del momento no se paralice. Desde ayudarle a colocárselo, con las manos o con la boca, a seguir estimulándolo con tus caricias. ¿Sabes que hay preservativos con sabores? Incluso los hay fluorescentes, que brillan en la oscuridad.

Lubricantes

Desde que Marlon Brando mostrara al mundo los múltiples usos de la mantequilla en la película *Último tango en París*, ésta ha sido uno de los lubricantes más utilizados en las relaciones y, por supuesto, suele estar en todas las neveras.

Un lubricante es una sustancia que imita las que segrega la mujer durante la excitación sexual y que ayuda a que el pene pueda entrar fácilmente en la vagina o el ano. Los lubricantes suelen emplearse para practicar el sexo anal, para facilitar la masturbación masculina, como complemento a la lubricación de la mujer, para realizar masajes, etcétera.

Si habéis decidido utilizarlos, escoged los de base acuosa, como la glicerina en lugar de los de base oleosa, como la vaselina, porque destruyen el látex (material que compone los preservativos, los diafragmas y otros sistemas anticonceptivos) y forman dentro de la vagina o del ano una capa en la que fácilmente pueden asentarse las bacterias.

Investigar en la nevera

Desde luego, el cine se ha convertido en un elemento de referencia en nuestras vidas. Siempre hay una película que podemos mencionar para ilustrar alguna explicación. Y como yo soy una gran amante... del cine voy a citarte otra película. ¿Quién no recuerda *Nueve semanas y media*? Bueno, si no la has visto todavía ¡haz el favor de cerrar el libro, ir a buscarla y sentarte cómodamente para disfrutarla! Te esperamos.

Hay un momento que se ha convertido en un mito: Kim Bassinger sentada en el suelo de la cocina, con los ojos vendados, y recibiendo los alimentos que Mikey Rourke le va ofreciendo. Es un ejemplo de cómo la nevera puede convertirse en un pequeño bazar capaz de proveerte de elementos para tus juegos sexuales.

Hay otros alimentos indispensables si quieres iniciarte en la gastronomía sexual. La nata es uno de ellos. El chocolate deshecho, la leche, la miel u otras cremas pueden extenderse por el cuerpo y después lamerlas. ¡Y las fresas, las cerezas o la uva!

Una fantasía extendida entre los hombres consiste en rociar con champán buena parte de tu cuerpo, en especial las zonas genitales, y beberlo: «beberte» (no quiero ponerme pesada, pero, como vengo diciendo a lo largo del libro, no olvides unas reglas de higiene básicas).

Drogas

Y aquí tengo que abordar el tema de las drogas, una cuestión polémica desde siempre. Por ejemplo, hay personas que untan su sexo con cocaína para aumentar el efecto del orgasmo. Para mí es una práctica peligrosa, aparte de la complicación que supone el tener que conseguir sustancias prohibidas.

Nunca entenderé por qué el alcohol, que es una droga adictiva y fuerte, es legal, y drogas como la marihuana están prohibidas. En comparación con la venenosa y adictiva nicotina del tabaco, los canabinoles de esa planta, en el caso de que alguien los use con moderación, apenas producirán mucho más que un notable efecto relajante.

Esta sensación ayuda a deshinibirnos, lo cual facilita nuestras sensaciones. También favorecen la deshinibición las llamadas «drogas de diseño», así como cierta tendencia o inclinación amorosa en quien toma esas célebres *pastillas de colores*, pero todas muestran efectos secundarios demostrados, en especial en el sistema nervioso. Existe un amplia gama de sustancias afrodisíacas, algunas de ellas catalogadas como drogas y otras que no son fáciles de encontrar... De todas formas, ya sabéis mi opinión: ¡cuanto más natural, mejor!

Cine y literatura porno

Seamos sinceras, casi nadie ha visto una película porno desde el principio hasta el final, de un tirón. Los videos de contenido sexual suelen ser un buen estimulante para las relaciones, aunque el sexo explícito no gusta a todo el mundo.

Lo que diferencia a unas películas de otras son los escenarios, la cantidad de personas que intervienen, cómo se combinan, y las posturas que adoptan.

En el caso de la literatura la cosa varía más, aunque el elemento común en los libros o relatos pornográficos es la descripción de distintos actos sexuales, con detalle. A diferencia del cine, aquí debes utilizar tu imaginación para conseguir la estimulación.

En ambos casos, lo mejor de estos dos complementos es que te sirven para tomar nota de algunos detalles que puedes aplicar después en tus relaciones.

Las bañeras

No me digas que nunca te has imaginado tener a un tipo como George Clooney metido en una bañera redonda a su entera disposición. Éste es uno de los elementos que suelen formar parte de las fantasías sexuales. Me refiero a la bañera, claro. Se trata de

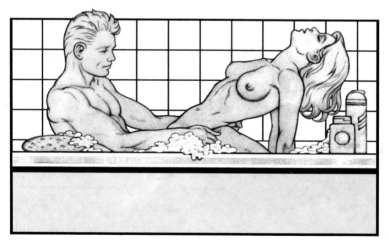

uno de los escenarios perfectos para practicar el acto sexual o para comenzarlo. La imaginación está muy bien pero la realidad es que es a los hombres a quienes suele gustarles más el hecho de meterse en el agua tibia y realizar el acto completo. A algunas mujeres, la sensación de sentir el agua introduciéndose en su cuerpo, junto con el pene del hombre, no termina de convencerlas.

Pero tranquila, no tires la toalla todavía. ¿Porqué no comenzar en la bañera los juegos previos y después rodar desnudos y empapados por la alfombra de la habitación hasta acabar plácidamente extenuados?

Cómo nos ponemos

Es hora de hablar de las «posturitas». ¿Cómo nos ponemos? Un momento; antes que nada, ¿estamos tranquilos y «excitantemente relajados»? No sufras por el sudor, pero piensa un mo-

mento si os sentís, tú y él, suficientemente protegidos y con preservativos al alcance de la mano para prevenir cualquier riesgo.

Y también, como dice un viejo autor en temas de relaciones personales, «*no hagas el amor si lo que quieres es hacer otra cosa*».

Bueno, veamos, ¿es que no estás harta de la rutina? El despertador suena siempre a la misma hora, en el trabajo ves las caras de siempre, con los amigos acudes a los locales habituales. ¡Basta ya! Y si tú te sientes así, imagina cómo puede estar tu pareja, al final del día, al llegar a casa.

Así que si tu objetivo es volverlo loco de placer, empieza a moverte. Ya sabes que si te muestras un poco más activa en la cama, de entrada le sorprenderás , y casi siempre agradablemente. Concédete un poco de emoción y haz algo diferente: busca posturas nuevas que faciliten una penetración distinta cada vez. Es una buena manera de que vayáis aumentando todas vuestras sensaciones.

Si ahora mismo no se te ocurren cosas diferentes, te explicaré alguna. La manera en que rozan los genitales masculinos y femeninos influye en el grado de estimulación y en la duración del acto sexual. Por ejemplo, podéis ejercer presión en distintas zonas.

En la base

Para conseguirla, la penetración debe ser lo más profunda posible, hasta que la base del pene roce la abertura vaginal. Este tipo de presión acelera la estimulación de la mujer y retarda la del hombre, y es de gran ayuda si tu pareja tiene orgasmos con rapidez. Esta posición es ideal en los momentos iniciales.

En el extremo

La presión se produce entre el glande del pene y las paredes de la vagina debido a los movimientos de afuera hacia dentro.

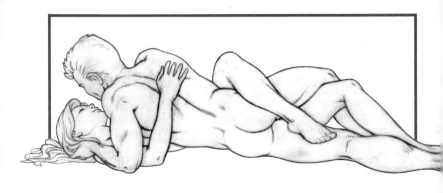

Una vez que sientes llegar un orgasmo necesitarás impulsos más enérgicos.

El movimiento interior

Los historiadores especializados en la materia aseguran que en la Edad Media existía una práctica que se denominaba como «amor cortés». La característica principal es que no había movimiento. Los dos amantes se estiraban desnudos, uno al lado del otro, unidos sexualmente, con los genitales enlazados, pero sin mover la pelvis.

¿Cómo lo hacían para darse placer? En esta posición la mujer contrae y relaja rítmicamente el *músculo del amor*, presionando el pene y consiguiendo así una gran estimulación.

Después le toca a él contraer con fuerza ese *músculo* sexual.

Este tipo de relación necesita un poco de práctica, pero cuando la consigáis, disfrutaréis muchísimo. Os lo aseguro.

Uno de los factores principales que intervienen en las relaciones sexuales es la **imaginación**. Nuestra cabeza siempre está dando vueltas a algo, así que hay que aprovechar esta actividad y dirigirla en la dirección adecuada. Una de las formas de estimularla es ir variando las posturas.

Pero no se trata de que le demuestres tu agilidad ni la cantidad de formas que puedes conseguir, si no de que lo que hagáis sea de mutuo acuerdo y os dé placer. Además es preferible que le sorprendas de vez en cuando con propuestas distintas, antes de que le enseñes de todo lo que eres capaz en una sola sesión. Él sentirá un deseo incontrolable por ti, pero guárdate algunos trucos para diferentes ocasiones.

Las culturas que más han aportado a la variación sexual son la hindú y la china. En el libro *Kama sutra* encontrarás una cantidad inabarcable de propuestas, y en los de sexualidad taoísta, unos cuantos trucos más para convertiros en auténticos *gourmets* del sexo.

También tienes a los tibetanos, que han recogido su profundo conocimiento de la vida interior y de las energías sutiles en el arte del *Tantra*. El Tantra y el sexo tienen mucho que ver, pero es una práctica que requiere mucho estudio y preparación, con un buen maestro y durante largo tiempo. Los resultados son de todas formas, asombrosos.

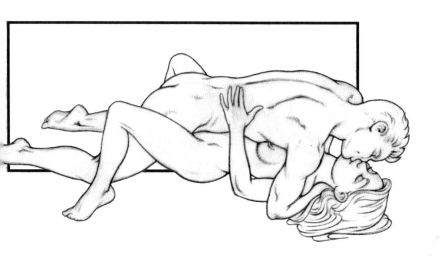

Al final de este libro ofrezco una bibliografía seleccionada para cada tema que te interese. Si te gusta la diversidad no dudes en hojearlos; podrás practicar una postura diferente cada día del año... durante varios años Sólo el *Kama sutra* recoge ¡más de quinientas posturas distintas!

Mirándose a los ojos

La postura tradicional es cuando los dos están cara a cara. Se la conoce también como «la postura del misionero» y algunos sexólogos coinciden en que esta posición a la mujer le resulta menos estimulante, porque le cuesta más mover la pelvis al tener que soportar el peso de su compañero, y en ocasiones no logra encontrar el ángulo de penetración adecuado. De todas formas siempre podéis descubrir variantes a esta posición, como abrazarlo con las piernas o elevarlas por encima de sus hombros. Además, esta postura favorece la comunicación, porque permite que os estéis viendo el rostro y así, a través de las expresiones, descubrir qué os resulta más placentero.

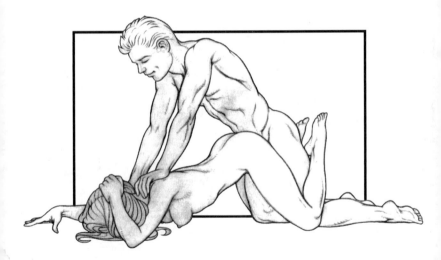

Por detrás

Para practicar esta postura debes colocarte delante suyo, dándole la espalda, entonces él te penetrará desde atrás. Para conseguir que pueda llegar con facilidad es mejor que te coloques a cuatro patas. Un secretillo: cuando ya estéis en pleno éxtasis coge su mano y acércala hasta tu sexo. Indícale que juegue con tu clítoris y déjale hacer. Descubrirás sensaciones completamente nuevas.

Encima de él

De nuevo recurrimos al cine. ¿Has visto películas del oeste en las que los vaqueros montan toros salvajes? Esta postura es similar, lo único es que tú haces de jinete y él... de toro salvaje.

Una vez estás encima debes sentarte sobre sus genitales e introducir el pene en la vagina. Y ya puedes volverte loca galopando sobre él. Ahora eres tú quien domina la situación y puedes variar el ritmo de los movimientos consiguiendo así retrasar el orgasmo y que el placer sea más duradero.

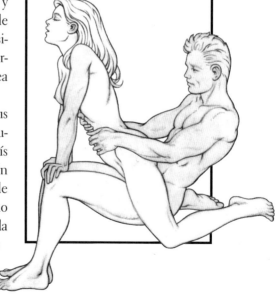

Cada postura tiene sus ventajas y debéis descubrir con cuál os sentís más cómodos. También puedes ir cambiando de posición en un mismo encuentro. Además, cada una de ellas permite multitud de variantes.

Lo mejor es que las vayas descubriendo por ti misma, pero te sugiero algunas.

Policías y ladrones

Ponte de cara a la pared y apoya las manos en ella con los brazos extendidos, como si te hubiesen detenido y fueran a cachearte, sólo que en este caso, el «policía» es tu pareja que se acerca por detrás. Durante las penetraciones puede acariciarte el clítoris y los pechos con una mano, mientras se apoya con la otra en la pared.

La silla

Colocaros estirados de lado, él detrás tuyo.

Los dos cuerpos deben encajar: te rodeará con sus brazos y con las manos cogerá tus pechos; apoya tus muslos sobre los suyos, como si estuvieras sentada encima, y coloca las plantas de los pies contra el empeine de los de él. En esta posición él podrá besarte la cara y lamerte la espalda.

Flotando

Esta postura produce sensaciones muy estimulantes porque te dará la impresión de que estás flotando en el espacio. Él está de pie y te mantiene suspendida en el aire, agarrándote por la espalda y por las nalgas mientras tú te sujetas con las manos de su cuello y con las piernas alrededor de sus caderas.

Casi dormida

Esta postura es estupenda para realizarla en el dormitorio. Colócate de rodillas a los pies de la cama y apoya el tronco sobre el colchón, como si te apoyases para echar una cabezadita. Él, también de rodillas, llega por detrás y apoya el tronco sobre tu espalda. Verás cómo a medida que aumenta la excitación iréis separando los cuerpos para que las penetraciones puedan ser más rápidas y profundas.

En un tatami

¿Tienes un dormitorio estilo oriental, con un tatami? ¡Estupendo! No habrás podido realizar la postura anterior pero podrás disfrutar de ésta. Siéntate en el borde y pide a tu pareja que se coloque de rodillas frente a ti; aprovecha y rodéale las caderas con las piernas.

Con las piernas en los hombros

Ya sé, parece complicado y quizá pienses que deberías ir al gimnasio antes de atreverte con esta postura, pero te equivocas. Cuando él esté sobre ti, en la postura del misionero, sube la piernas hasta alcanzar con los tobillos sus hombros. Él te ayudará a colocarlos pasando los brazos por debajo de tus piernas. Si te sirve de ayuda puedes colocar bajo el trasero una almohada para mantener la posición.

La carretilla

Se trata de una variación de la postura del misionero. Una vez que estás de cara a él, tendida boca arriba, él debe colocarse de rodillas entre tus piernas y agarrarte por debajo de los muslos mientras te acerca hacia sus caderas. Una vez unidos, coloca las piernas alrededor de sus caderas y apóyate con la espalda en la cama.

Un «robado»

Escoge una silla que tenga respaldo y reposapiés. Pídele a tu hombre que se siente y móntate encima, de cara a él. Podrás controlar mejor la penetración si apoyas una pierna en el suelo y la otra en el reposapiés lateral de la silla.

A esta postura se la conoce como «robado», porque en numerosas discotecas, las chicas que llevaban faldas largas y de vuelo la practicaban allí mismo sin necesidad de quitarse la ropa, y con cierto disimulo. Los chicos decían que les habían «robado» a ellas un orgasmo. Curioso, ¿verdad?

Sexo anal

Consiste en introducir el pene, dedos, u objetos fálicos por el ano. En él se concentran numerosas terminaciones nerviosas y el recto es más estrecho que la vagina, por lo que el sexo anal puede proporcionar un intenso placer tanto al que da como al que recibe.

El principal elemento de esta práctica es que debes mantener una estricta higiene en la zona, y en los elementos que utilicéis para introducir, sean vibradores, frutas, los dedos o el pene, porque en el recto residen muchas bacterias que en contacto con la boca o los genitales pueden provocar infecciones. Pero no te limites por esto. Desinfecta bien los complementos con alcohol y usa en tu cuerpo agua y jabón.

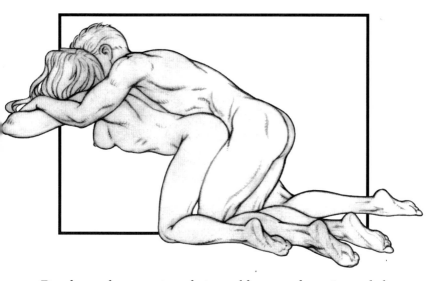

Donde puedes encontrar algún problema es al comienzo de la penetración. La estrechez y falta de lubricación del ano no facilitan el proceso. Es necesario actuar con calma, lentitud y enormes cantidades de lubricante como glicerina o mantequilla (¡acuérdate de Brando!). Seguramente tendrás algunas molestias, pero si a pesar de ellas decides continuar, descubrirás nuevas formas de placer. Recuerda también que habíamos señalado que el trasero es una de las partes de nuestro cuerpo que vuelven loco a un hombre. ¿Has observado que casi siempre se les escapan los ojos detrás de uno? Pues imagina qué deben sentir cuando pueden penetrarlo.

Primero hay que preparar la abertura anal introduciendo un dedo untado en lubricante; cuando el ano se haya adaptado a su tamaño y comience a relajarse y a dilatarse, podéis introducir dos dedos y finalmente el pene. Hacedlo despacio y si notas que de pronto no puedes continuar porque las molestias son mayores que el placer, es preferible que lo dejéis y lo intentéis en otro momento. Sólo cuando el ano esté suficientemente dilatado podréis comenzar con los movimientos hacia adentro y hacia fuera.

Podéis utilizar el sexo anal como un complemento de otras prácticas, como la masturbación, por ejemplo. Puedes introducir el dedo meñique en el ano de tu compañero mientras lames su pene, o pedirle que penetre tu ano con un dedo mientras acaricia tu clítoris. Recuerda que debéis limpiaros las manos antes de volver a utilizar el mismo dedo para tocaros la boca o los genitales.

Lencería y Fetichismo

Seguramente has observado cómo tu pareja se queda mirando embobado ese conjunto de lencería que acabas de estrenar. Y no es sólo que te quede estupendo, si no que la mayoría de los hombres siente una especial debilidad por la ropa interior femenina.

En medicina se define el fetichismo como una perversión sexual, pero no debes alarmarte si encuentras a tu pareja estrechando contra su pecho unas braguitas u oliendo el sujetador. De hecho, es bastante natural.

La seda y el satén son las texturas preferidas. Su tacto

suave y delicado atrae a casi todos, pero en cuestión de lencería podemos abarcar, además de sujetadores y braguitas, tangas, corpiños, bodies, medias con ligueros, medias de red…

Los colores preferidos suelen ser el negro y el rojo. La gran variedad de modelos que inundan las tiendas muestran también tonos verdes, azules, blancos, y sobre todo, prendas en las que el encaje es uno de los protagonistas. Además, si tu pareja es uno de esos amantes que se vuelve loco con tu ropa interior puedes sorprenderle con sujetadores con abertura para los pezones o braguitas con agujero central, por ejemplo.

Es mejor que conozcas un poco sus gustos y preferencias antes de «lanzarte». Los hombres no siempre reaccionan igual ante una «sorpresa» de ésas, y lo que para unos es el colmo del erotismo a otros puede resultarles un tanto fantasmal.

Pero vale la pena correr el riesgo. Una noche, sin previo aviso, puedes darle una de estas *sorpresas:*

- Ponte medias con liguero ¡y sin nada debajo! Prepara una cena íntima y mantén tu secreto hasta que lo descubra.
- Compra un conjunto muy sexy. Muéstraselo. Comienza a ponértelo delante suyo e invítale después a que te lo quite.

Al margen de la lencería hay otros objetos que suelen ser objeto de una atención especial.

- Los realizados en *goma:* son elásticos y pueden ajustarse perfectamente al cuerpo. Suele tratarse de prendas de vestir, como corpiños, pantalones, medias, caretas… La goma permite ver las formas del cuerpo; es decir, estás insinuándote y al mismo tiempo no puede tocarte de manera directa. Una situación cargada de erotismo, de la cual puedes sacar mucho provecho.

- Los objetos de *cuero:* algunas prendas de ropa interior, además correas, látigos, collares de perro, entre otros. Puedes probar con un sujetador de cuero y si notas que a tu pareja le agrada el nuevo material amplía el número de adquisiciones y regálale prendas de las que podáis disfrutar juntos.

Existe una larga lista de otros objetos que, no por ser tópicos, tienen menos encanto. ¿Quién no ha imaginado una noche loca bebiendo champán en un fino zapato de tacón? Pero hay más:

- **Botas:** Denotan poder y el amo suele usarlas de modo simbólico en las relaciones sadomasoquistas.
- **Medias negras con costura.**
- **Ropa interior,** con preferencia usada.
- *Piercing:* Adornar el cuerpo mediante pendientes y aros de metal. Los lugares donde suelen colocarse son la lengua, los labios, la nariz, las cejas, el ombligo, los genitales y los pezones. Quienes los llevan aseguran que las zonas perforadas experimentan un aumento de la sensibilidad.
- **Tatuajes:** Decorar la piel gracias a dibujos realizados con tinta bajo la piel. Antes de hacerlo piensa que cuando te haces un tatuaje es para siempre, porque eliminarlo es muy costoso y deja señales. La moda de las últimas temporadas ha implantado un sistema de tatuajes temporales. Unos desaparecen en un par de años, y otros en unas semanas. Éstos se hacen con gena, un tinte que pierde intensidad a medida que se lava. Ésta puede ser una forma de averiguar si quieres colocarte un tatuaje permanente, y además puedes hacerlo por sorpresa, en una zona erótica, para que forme parte de vuestros juegos. ¿Qué tal unas fresas en un cachete del trasero? Deja que lo descubra él solito.

La erótica del poder

Seguro que has escuchado esta expresión miles de veces. Define aquella situación en la que el individuo que accede a posiciones de cierto rango (político, militar, social...) adquiere de repente un atractivo sexual para numerosas personas. Y es que el poder parece ir acompañado de una carga erótica importante. Si trasladamos este concepto a las relaciones sexuales descubrirás que muchas personas sólo sienten verdadero placer cuando ejercen poder sobre su pareja, llegando al dolor físico y a la humillación. Se les denomina **sádicos**.

Pero ocurre también a la inversa. Hay quien prefiere sufrir los castigos del que manda y ser maltratado. A las personas que forman este grupo se las llama **masoquistas**. Unos y otros se complementan, así que se habla de relaciones **sadomasoquistas**.

Llevar estas prácticas a sus extremos puede ser peligroso, pero con un cierto control, y, sobre todo, si ambos estáis de acuerdo, podéis incluir algunas en vuestros juegos sexuales. Por ejemplo, podéis jugar a azotaros sin provocaros dolor. Es el juego de la dominación, en el que uno encuentra placer en verse como dominado o como dominador, sin serlo realmente. ¿Quieres saber más?

Atados a la cama

Pídele que se estire boca arriba y átale las muñecas y los tobillos a la cama (los nudos deben ser flojos para que la circulación sanguínea sea fluida; tu compañero debe estar cómodo para disfrutar de este juego sexual sin distraerse). Una vez inmovilizado sube encima de su cuerpo y bésale mientras le das un masaje en el cuello y los hombros, con fuerza y empleando las dos manos. Continúa con el masaje bajando por el pecho hasta el ombligo; desliza la punta de tu lengua sobre sus

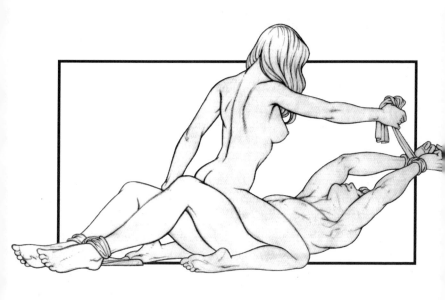

pezones, mientras presionas lenta y profundamente tus pechos
contra su abdomen.

A continuación acaricia la cara interior de sus muslos desde la
rodilla hasta la ingle; coge los testículos y apriétalos suavemente
hacia arriba mientras introduces el pene en tu boca. Sujétalo fir-
memente con los labios y presiona el pene con la lengua mientras mueves la cabeza de arriba hacia abajo. Detén la masturbación antes de que llegue a tener una eyaculación y colócate de
cara a él con las piernas separadas, de manera que pueda ver claramente tus genitales. En esta posición acaricia tu clítoris hasta
llegar al orgasmo.

Llegados a este punto, seguramente te pedirá que lo desates.
No le hagas caso. Continúa todavía un poco más con el juego.
Siéntate sobre él, frota su pene contra tus genitales e introduce
el glande. Muévete como si estuvieras cabalgando por el desier-

to de Arizona: firme y decidida. Ahora sí que puedes ceder a sus súplicas o, si lo prefieres, mantenerlo atado mientras llega a un orgasmo.

Otra opción es pedirle que sea él quien te ate a la cama y darle libertad de acción. Si te tiendes boca abajo, de espaldas a él, todavía sentirás más cómo domina él la situación y el juego ganará en intensidad. Pídele que deje las cuerdas un poco flojas para que puedas mover bien la pelvis. Y ahora sólo te queda disfrutar de la situación.

Podéis añadir un elemento inquietante al juego que hace crecer en intensidad las sensaciones: un pañuelo. Véndale lo ojos, o deja que sea él quien lo haga... y espera...

El látigo

Este juego consiste en dar y recibir azotes sin que haya dolor. Cuando se agarra un látigo por la empuñadura, se levanta y se asesta un golpe con fuerza hacia abajo, se produce una onda en la cuerda del látigo que transmite la fuerza del brazo hasta la punta de la cuerda, intensificándola. Cuanto mayor es la distancia recorrida al levantar el brazo y bajarlo para asestar el golpe, el dolor causado es más grande. Sin embargo existe un método para atenuar el golpe y evitar daños físicos: levanta el látigo hacia arriba y, en lugar de hacer fuerza hacia abajo, deja que la cuerda del látigo caiga por su propio peso; caerá sobre la espalda de tu compañero con suavidad.

Existen diferentes instrumentos para *azotar*: el látigo (largo, delgado y flexible, generalmente de cuero), la fusta (terminada en punta o en una lengüeta de cuero), una vara (rígida y larga, de madera o metal), un palo de madera, el gato de nueve colas (flexible, de cuero, terminado en nueve tiras), cinturones, el azote (tiras de cuero de diferente grosor), zapatillas... En un sex shop puedes escoger con él los que más divertidos os parezcan, o compra uno que creas que puede ser divertido para ambos.

Sólo me queda insistir en lo importante que es, en este tipo de prácticas, tener las ideas bien claras en cuanto a los límites de este tipo de juegos, porque la cosa puede complicarse en el momento en que dejan de ser un juego. Si decides participar tendrás que andar con mucho cuidado. Mira, había pensado en titular este libro *Cómo volver **salvaje** a tu hombre...* y abandoné la idea para no dar pie a más violencia doméstica. ¡Y estoy hablando tan sólo del título!

Castigo

¿Te acuerdas de cuando eras pequeña y te castigaban dándote unos azotes en el culito? Ahora se trata de trasladar eso a la edad adulta y con tu pareja. Él debe estar sentado en una silla y tú tie-

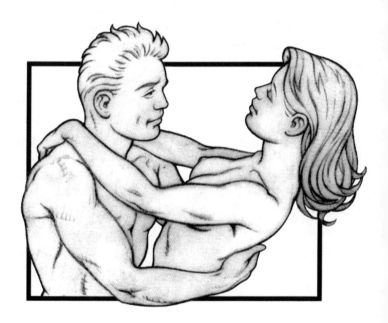

nes que ponerte de rodillas y apoyar el pecho sobre su regazo. Realizarlo mientras estáis vestidos. Él debe dejar tu trasero al descubierto y golpearte suavemente con la palma de la mano.

A caballo

Uno de los sueños infantiles más comunes es tener un caballito. Pues bien, imagina que ahora has conseguido que se haga realidad. Pídele que se ponga a cuatro patas. Monta encima y golpea sus nalgas con el talón de un pie para incitarle a caminar. Arquéate hacia delante y presiona el pecho contra su espalda. Mueve la pelvis hacia delante y hacia atrás provocando el roce entre el clítoris y su piel. Cuando se distraiga y se detenga puedes fustigarle con una vara pequeña.

Cachetes y toques

Coloca su pene entre las palmas de tus manos. Manténlas extendidas y abofetea su miembro con una y otra mano alternativamente. A continuación arrastra las uñas por su espalda hacia arriba. Araña después sus nalgas también hacia arriba. Toma el pene entre los labios y mordisquea el glande muy suavemente con los incisivos. Ten cuidado, no le vayas a hacer daño de verdad.

El placer de la mirada

Quizá te hayas sorprendido en alguna ocasión mirando a otro con detenimiento. Algo en su expresión, en su cuerpo, provocaban que no pudieras quitarle la vista de encima ni un momento. Sólo el hecho de sentirte descubierta conseguía detenerte. Pues imagínate poder mirar con tranquilidad sin ser sorprendida. ¿No te produce cierta ansiedad? Lo cierto es que muchas personas han encontrado en el hecho de observar a los demás, un placer exquisito. Al igual que otros han descubierto que lo que realmente les encanta es ser mirados, estudiados hasta el mínimo detalle.

No te sorprendas. ¿Acaso no has disfrutado mientras le mostrabas un conjunto de lencería a tu pareja y él se quedaba embobado mirándote? ¿O no has perdido nunca la vista en un beso intenso que una pareja se daba en el autobús, justo en los asientos que tenías delante?

Estamos hablando de dos cosas muy sencillas: *voyeurismo* y **exhibicionismo,** y todos tenemos un poco de ambas. Así que es muy probable que cualquier propuesta dentro de este terreno que le plantees a tu pareja, sea bien recibida.

Déjame hacerte algunas sugerencias:

- Si sabes que le gustan las películas porno, consigue una y escoge un momento adecuado para verla.
- Olvida expresamente la toalla fuera del cuarto de baño y una vez en la ducha llama a tu compañero para que te la traiga. Una vez está dentro ya no tiene escapatoria. Comienza a hablar, de forma banal, sobre cualquier tema que tengáis pendiente, como la excursión del fin de semana, el cumpleaños de su hermano… y pídele que coja un taburete y se siente al lado de la bañera. Puedes aprovechar para abusar un poco y pedir que te frote la espalda. A lo largo de la conversación inevitablemente acabará observando tu cuerpo, tu modo de enjabonarte…
- Deja la puerta entreabierta mientras te vistes y te pintas frente al espejo. Si a tu compañero le gusta observar escondido, no dejará escapar esta oportunidad.
- Si le gusta mirar, mastúrbate delante suyo.
- Pídele que se masturbe delante de ti (si compruebas que le gusta).

- Propónle ir a ver un espectáculo erótico. Existen representaciones de diferente grado: desde un simple strip-tease a la práctica del acto sexual en directo con la participación de voluntarios del público. Empieza con un espectáculo «suave».

Hasta ahora nos hemos referido a la mirada en una fase de excitación y juegos previos al acto sexual, porque mirarte a ti misma durante una relación es bastante complicado. O por lo menos lo era, hasta que llegaron los inventos tecnológicos.

- Otro uso para tu cámara de vídeo. Colócala a los pies de la cama y déjala grabando mientras hacéis el amor. Después podréis veros desde afuera. Resulta un poco raro verse a uno mismo en estas situaciones, pero si superáis la sorpresa inicial, podréis descubrir muchas cosas de ambos.
- Practica el sexo delante de un espejo. Si deseas observar sin ser observada, compra en un sex shop una careta de cuero sin agujeros para los ojos y colócasela a tu compañero.

Capítulo 4

Sueños, imaginación y fantasía

—*¿Es real el sexo?*
—*Aunque no lo fuese, es sin embargo una*
de las mejores actividades falsas a las
que puede dedicarse una persona.

(DIOS)

—*¡No Boris, por favor! El sexo sin amor consti-*
tuye una experiencia vacía.
—*Sí, pero tal como están últimamente las expe-*
riencias vacías, es una de las mejores.

(LA ÚLTIMA NOCHE DE BORIS GRUSHENKO)

Hemos comentado antes que uno de los elementos funda-
mentales que intervienen en las relaciones sexuales es la imaginación. La capacidad de cada uno para crear fantasías o dar rien-
da suelta a sus deseos pasa, de manera invariable, por la mente.

Seguro que tienes alguna idea que te asalta con frecuencia y
que en algún momento te apetecería realizar. Desde llenar tu
cuerpo con nata y ser devorada por un par de buenos hombreto-
nes, a pasar una noche inolvidable con algún actor de cuerpo
imponente. Las fantasías de cada uno responden a los deseos que

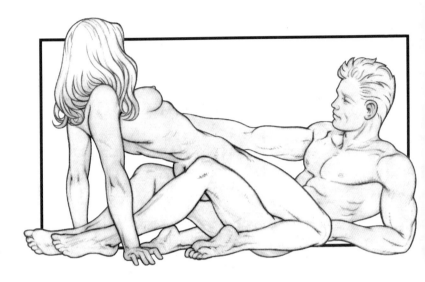

no hemos podido cumplir. La mayoría de las veces, son impracticables, pero no por ello nos estimulan menos.

Son como pequeñas películas que nos inventamos y en las que siempre intervenimos como protagonistas. No está mal ¿verdad? Lástima que no entren en la competición de los premios Óscar, porque seguro que podríamos competir con las mejores actrices del momento.

Desvelar las fantasías sexuales a otra persona es un acto muy íntimo, y la mayoría de la veces nos reprimimos. Si te encuentras frente a alguien que te asegura que no tiene fantasías, puedes estar segura de que está mintiendo, y que prefiere no exponerlas en público, quizá por pudor, quizá por temor. Sin duda, debes respetar su postura.

En todo caso, durante mis talleres en la Costa Este de los EE. UU., pudimos estudiar numerosos casos de personas que venían de forma voluntaria (y totalmente anónima, por supuesto) a contarnos sus relatos.

Te explicaré algunos para que puedas hacerte una idea. Los testimonios de las mujeres aparecen señalados al comienzo por una «M», y los de los hombres por una «H». Verás que la narración aparece abreviada, porque estos casos podrían formar parte de un solo libro por sí mismos.

No es fácil saber lo que bulle dentro de tu hombre en este terreno. Incluso lo más probable es que él mismo llegue a asustarse, según los sueños que tenga. Lo repito una vez más: tómate commo una curiosidad más la mayoría de los relatos que vienen a continuación, si bien lo más seguro es que te quedes con algún detalle... ¡nunca se sabe!

Un dato más. Las edades de las personas que intervinieron en la prueba estaban comprendidas entre los 23 y los 56 años.

Es posible que te reconozcas en alguna de ellas, o que, por lo menos, te resulten más o menos familiares ¿Estás preparada?

Con más de una persona del otro sexo

M: «Era al atardecer. Mi automóvil se había estropeado y estaba tirada a un lado de la carretera esperando que alguien pudiera ayudarme. Paró un automóvil con dos hombres jóvenes que se ofrecieron a echarme una mano. El capó estaba levantado y yo me inclinaba para alcanzar una de las piezas cuando me di cuenta de que el escote de la blusa les hubiera permitido ver mi sujetador perfectamente... si hubiera llevado uno. El más joven se acercó y me besó sin decir palabra. Su compañero llegó hasta mí. Les señalé el automóvil y entramos los tres. Echamos los asientos hacia detrás y pronto todos estábamos desnudos. Mientras uno me penetraba el otro me masturbaba y alcancé varios orgasmos seguidos. Ya era de noche cuando consiguieron poner el auto en marcha y vi las luces perderse en el horizonte.»

H: «Cuando llegué a casa encontré a mi mujer conversando íntimamente con su mejor amiga, aunque me pareció detectar algo raro en su actitud, quizás una confianza demasiado íntima, sin embargo ellas no mostraron signos de sentirse incómodas, además era la hora a la que solía volver cada día, así que supuse que me estaban esperando.

«Me miraron un rato que me pareció muy largo, con lascivia y se acercaron a mí, me abrazaron y me acariciaron. La cartera del trabajo cayó al suelo, se abrió y dejó al descubierto, desparramados y en desorden una infinidad de papeles. Mi corazón latía de prisa pero la fuerza que sentía en la entrepierna me empujó a continuar sus juegos.»

«En la sala de estar, sin tan siquiera correr las cortinas, se abalanzaron sobre mí. Caímos sobre la alfombra y allí comenzaron a desnudarme. La amiga de mi mujer subió encima mío y provocó la penetración. Todo había ido muy rápido y aún no había asimilado la situación, así que dejé hacer sin intervenir. Mi mujer arrastró mi mano hacia su clítoris insinuando que lo manipulase, mientras me besaba.»

Ser observado

M: «Mi obsesión son los médicos, quizá desde que era pequeña y jugaba a doctores con mi primo, así que mis fantasías siempre se han visto relacionadas con ellos. En ésta había decidido participar en un experimento *científico* para determinar los límites de la sexualidad femenina, es decir, hasta qué punto puede resistir una mujer siendo penetrada una y otra vez. Firmé un contrato por el que no podía echarme atrás a mitad del ensayo, y sólo se detendría en caso de grave peligro para mi salud.»

«Y ahí estaba en una habitación completamente cerrada, cubierta de telas de colores cálidos e iluminada por una luz roja y densa. Mi cuerpo estaba conectado a un ordenador por una infinidad de sensores, dispuestos estratégicamente para recoger cualquier cambio en la temperatura corporal, cualquier aceleración en el pulso, cualquier contracción muscular espasmódica...

Uno a uno fueron entrando los voluntarios para el experimento. Sólo llevaban una bata corta, sin nada debajo, y sus rostros estaban cubiertos por capuchas blancas, de manera que jamás sabría su identidad. Otro grupo esperaba fuera.»

H: «Me gustan las películas pornográficas y suelo imaginar que en una época trabajé como actor porno. Antes de cualquier sesión de rodaje las maquilladoras decoraban mi cuerpo con una gruesa capa de productos cosméticos y repeinaban mis cabellos.»

«Mientras los técnicos preparaban las cámaras y los focos, yo me calentaba masturbándome, manteniendo el resto del cuerpo apoyado descuidadamente contra la pared. Mirar el culo de mi compañera de reparto me ayudaba, no estaba mal.»

¡Acción!

H: «Sentado sobre el sofá movía mi pelvis hacia arriba y hacia abajo, dentro de su cuerpo caliente. Sentí que iba a eyacular. Hice la señal acordada y todas las cámaras enfocaron mis genitales; mi semen salió disparado contra una de ellas y alguien se rió. Pasado un rato volvimos a comenzar.»

M: «En realidad soy ama de casa, pero sueño que he llegado a tener un alto cargo ejecutivo en una multinacional, con infinidad de reuniones y cosas así. La sala de juntas estaba abarrotada: se discutía la publicidad del nuevo producto. Los otros ejecutivos hacían largos y monótonos discursos para defender sus ideas.»

«Cuando llegó mi turno expuse mi opinión: me subí a la mesa y me puse a cuatro patas, dejando ver a través de un pronunciado escote el inicio de mis senos; de mis labios sólo salían sonidos guturales de distinto tono e intensidad que no podían ser descifrados; mientras, la lengua salía al máximo de mi boca.»

«Sobre la mesa, de rodillas, comencé a masturbarme mientras mis compañeros me miraban sin escandalizarse. Sólo miraban, sin más. Continué hasta conseguir un orgasmo, y entonces vi cómo algunos escondían las manos debajo de la mesa…»

Con alguien del mismo sexo

Dentro de cada uno de nosotros se esconde un Yin y un Yang, un lado femenino y uno masculino. Por eso no es de extrañar que algunas de las fantasías más habituales se sueñen con alguien de tu mismo sexo. Incluso es probable que hayas mantenido alguna relación de este tipo.

M: «Con mi amiga fue una relación por sorpresa. Su marido, igual que el mío, pasa más horas en reuniones que en casa, y se sentía abandonada. Me lo confesó una tarde, cogidas de la mano mientras llorábamos por nuestros desgraciados matrimonios. Me acarició la mejilla para secarme una lágrima, y me besó en la boca. No supe que decir y ella interpretó mi silencio como un aprobación.

Pegó su boca a la mía y abrió mis labios. Enseguida estábamos sin blusas ni faldas. Sujetador contra sujetador y panties contra liguero. Me acarició despacio, mordisqueando la puntilla de la ropa interior, bajando los tirantes, liberando broches. Sus dedos se introdujeron en mí y ya no pude parar de moverme, excitada, pidiéndole que no parara, que siguiera siempre así.

Después me desnudó por completo. Ella se quitó el liguero y nos fuimos a la cama. Hicimos el amor con la calma de saber que nuestros trabajadores maridos estaban muy lejos.»

Por la fuerza

Al margen de las fantasías homosexuales, esa fantasía de mantener relaciones contra su voluntad, es la más común entre las mujeres. En realidad se trata de un acto en el que ella forcejea con su agresor, pero el hombre, en realidad, está haciendo exactamente lo que a ella más le gusta. La mayoría de los protagonistas de estas historias son seres anónimos, sin rostro.

M: «Había salido de fiesta con un grupo de amigas y ya era de madrugada cuando volvía a casa, Me sentía erótica. De repente escuché unos pasos tras de mí. Comencé a inquietarme y a fantasear. Hacía viento y el frío. Faltaban un par de manzanas para llegar y mi corazón latía con fuerza. Corrí, saqué la llave del bolso y giré la llave, temblando. Al abrir la puerta me llevé una sorpresa mayúscula: era mi novio, ansioso por saber cómo me había ido con las amigas. Hicimos el amor como locos.»

El tamaño

Ya sabes la historia de los veinte centímetros, en el hombre. La obsesión por el tamaño de los genitales suele reflejarse en los relatos de las participantes en el estudio. Por su parte, los hombres coinciden en que la medida ideal en una mujer es una delantera de 90 centímetros, o más.

Un ejemplo de esta obsesión aparece en la película *Amarcord*, de Federico Fellini. En una secuencia el protagonista adolescente juega a tomar en brazos a la mujer del tendero, que lo dobla en peso, y cuyos senos son extraordinariamente grandes;

son tan inmensos que cuando la señora le pide que se los bese el pobre chico a punto está de morir asfixiado: su cara queda atrapada entre los dos pechos y no puede respirar.

Animales cariñosos, bestias salvajes

Las historias que se cuentan sobre la relación de algunos amos con sus mascotas van más allá de la imaginación. Son ciertos algunos casos de mujeres penetradas por perros o los de animales impulsados a lamer los genitales de sus propietarios, previamente untados con miel, azúcar y otros alimentos dulces.

La zoofilia es una práctica extendida entre más individuos de los que se cree, y además forma parte de las fantasías de otras muchas personas. En la película *Caniche* de Bigas Luna (España, 1979), el objeto de deseo es un pequeño y delicado perrito blanco. Y ahora ¿podrás mirar a los ojos a tu mascota?

M: «De excursión, de noche. Salí de la tienda para orinar y me alejé un poco del campamento. De cuclillas sobre la hierba un ser peludo, de aliento pestilente, me embistió por detrás. Puse las manos para frenar la caída frontal y enseguida noté cómo me comenzaba a penetrar. Un ardor me invadió y comencé a gritar.

Me mantenía en el suelo, reteniéndome con sus patas delanteras: Se movía a gran velocidad provocando en mí un intenso dolor... y placer.»

«Los compañeros de excursión acudieron en respuesta a mis gritos de auxilio pero nada pudieron hacer frente a esa bestia salvaje, sólo esperar a que concluyera y se fuese.»

M: «Una tarde salía de la ducha, envuelta en la toalla, con el cuerpo todavía húmedo y los pies descalzos sobre la moqueta de la habitación. Rob, mi perro, se había acercado a mí y yo lo acaricié; le encanta que le rasquen detrás de las orejas. Es un perro mimado. Siempre me acompaña cuando veo la tele por la noche, tumbado a mis pies. Le gusta apoyar su cabeza grande en mi regazo mientras leo, y disfruta de la música clásica tanto como yo.»

«Aquel día me lamió los pies y le acaricié. En el gesto, la toalla se escurrió y cayó al suelo. Me quedé desnuda. Creo que Rob no me había visto antes así. No sé si fue eso lo que motivó que me siguiera lamiendo, subiendo por mis piernas hasta llegar a los muslos. Traté de apartarlo pero no pude. Es un perro grande, con fuerza.» «Su lengua húmeda alcanzó mi entrepierna y me lamió. El estremecimiento me hizo agarrarme a la pared. Había oído casos de gente que mantienen relaciones con animales, a escondidas, pero nunca pensé que yo…»

Sadomasoquismo

¿Te has imaginado alguna vez que tenías a alguien a tu entera disposición para que te complaciera sexualmente? ¿Sí? Pues algunas mujeres comparten tus fantasías. Una de ellas confesó que para estimularse escuchaba la canción *I Wanna Be your Dog* (Quiero ser tu perro) de *The Stooges*.

M. «Era mi esclavo sexual. Yo sostenía un látigo y con él le reprimía hasta que conseguí que andase a cuatro patas. Un collar rodeaba día y noche su magullado cuello, y de él salía una cadena que yo ataba a la mesa de la cocina cuando se quedaba sólo en casa. Lo utilizaba para saciar mis deseos y jamás podría negarse a mis peticiones… bajo pena de muerte.»

M: «Esta noche el local estaba semivacío, pero una presa había caído en la trampa. Era un hombre. Todas querían arrebatármelo, pero me pertenecía. Envuelto en la red de cuerda lo subí al automóvil y me lo llevé a casa. Lo estiré sobre un manto de paja y até sus muñecas y tobillos a unas estacas de madera clavadas en el suelo. Inmovilicé su cabeza y lo amordacé.»

«Cuando volvió en sí me encontró de pie, con una pierna a cada lado de su cuerpo. Por debajo de mi corta falda podía ver mis genitales y debió entretenerse con ellos porque de repente tuvo una erección.»

«Me agaché para besar su cuerpo y me pidió que lo desatase, prometiendo que me dejaría satisfecha y después se marcharía, pero yo sabía que mentía, que trataba de liberarse para poder someterme.»

«A pesar de sus protestas, comencé a frotar el glande contra mi clítoris y a introducírmelo con movimientos rítmicos, hacia arriba y hacia abajo, que él no pudo evitar seguir.»

«Cuando hube acabado con él estaba extenuado. Se desmayó y lo solté en un lugar apartado del bosque. No volví a encontrármelo jamás.»

Creencias y religiones

Podría decirse que, de una manera u otra, todos hemos estado bajo la influencia de algún tipo de creencia religiosa, por lo menos alguna vez en la vida. Las religiones recomiendan **castidad**, la cual normalmente suele estar muy mal aceptada y comprendida. En otro lugar de este libro mencionamos la «loca pasión de amor» por alguna deidad que algunos místicos célebres han experimentado a lo largo de la historia.

Una de las cosas que las religiones prohiben o persiguen, con más o menos sutileza, es el sexo. Hoy sabemos que, entre otros motivos, existía cierta relación con la conveniencia de mantener cierto «orden» y cohesión social. ¿Cómo explicar, si no, el que dos hermanos compartan una esposa en el Tíbet y en cambio esta situación sea un *pecado mortal* entre los cristianos? Quizá por eso, por el carácter de prohibición que tiene, muchas fantasías incorporan elementos religiosos (desde confesionarios, a iglesias, y por supuesto los anhelados «amores imposibles» con la aparición de un sacerdote).

M: «Entré en la iglesia; la misa acababa de concluir y los feligreses se marchaban. Me senté en uno de los bancos para meditar. No podía concentrarme. A un lado descubrí el confesionario con un sacerdote. Me acerqué. Amparada por el rincón donde estaba situado y la poca luz comencé a explicarme. Los susurros y el aliento de aquel hombre sin rostro tan cerca de mi oído comenzaron a excitarme. Me acaricié el clítoris bajo la falda. Él no podía verme y continué; mientras hablaba mis dedos jugaban entre las piernas. Cuando me estaba aplicando la penitencia, me corrí, apenas con un gritito de placer. Cuando él salió del confesionario yo ya estaba alcanzando la puerta. No me volví para mirar.»

La erótica del uniforme

Un hombre con uniforme de gala suele estar muy sexy, ¿no crees? ¿Has probado a jugar con alguno en tus sueños? Aunque hay uniformes de muchos tipos, no todos son militares, por ejemplo, las enfermeras…

H: «Estaba enfermo, mi mente había sufrido demasiado; lo llamaron depresión, pero en realidad estaba falto de amor.»

«Por fin me ingresaron, tras mi segundo intento de suicidio.»

«A la mañana siguiente de mi ingreso en el sanatorio, una luz intensa, cegadora, iluminó mi habitación, blanca en su totalidad, y la puerta se entreabrió; primero accedió su zueco de goma, incapaz de romper el silencio, a continuación su pierna suave como ninguna, desnuda hasta la rodilla. Un uniforme ceñido apretaba sus carnes y cuando se agachó para comprobar mi estado, pude ver el inicio de sus senos.»

«Ella me dio el cariño que necesitaba; acarició mi rostro con sus dedos de látex y enjabonó mi cuerpo con esmero. Y entonces se apiadó de mí, tomando mi pene erecto entre sus manos, lo apretó con un vigor inusitado y sin perder el ritmo dejó que mi semen se desparramase sobre las sábanas.»

«Los guantes soltaron un chasquido al salir de sus manos y ella cerró la puerta dejándome con su aroma y su recuerdo.»

Con el enemigo

Puede tratarse de un enemigo real, o de alguien con el que no tenemos buenas relaciones. Un ejemplo de este tipo de fantasía sexual lo encontramos en la película *Portero de noche* de Liliana Cavani, (Italia, 1974), donde la protagonista, una ex prisionera de un campo de concentración nazi, desea sexualmente a su agresor, que después de la guerra ha conseguido disimular su identidad trabajando de portero nocturno en el hotel donde ella ha reservado habitación.

De todas formas, según qué fantasías son realmente **muy minoritarias,** tanto si estás de acuerdo o no con ellas. Y tampoco es tan seguro que él se te vaya a volver loco con esas rarezas.

Con alguien a quien se desea

Uno de los juegos que proponíamos a los voluntarios que participaban del estudio, en el Instituto de Georgia, era el de «que hubiera pasado si…» Es muy sencillo. Se trata de reconstruir los detalles de una situación que por alguna razón te produjo una excitación poco habitual. Por ejemplo, un encuentro en una discoteca con un compañero de trabajo que te atrae hace tiempo. Concéntrate en lo que dijo, lo que respondiste, qué pasó, si rozasteis vuestras manos, vuestros cuerpos… y justo en el momento en el que os separasteis, cambia el argumento y comienza a fantasear sobre lo que hubiera ocurrido si…

Puedes cambiar el final tantas veces como quieras. Este ejercicio puede estimular tu imaginación erótica.

Con alguien de diferente edad

H: «Estaba sentado en un café, frente a un teatro de la ciudad. Había visto a la mujer de la mesa contigua y eso me decidió a entrar. Era mayor que yo. Conseguí entablar conversación con ella.» «Hacía mucho tiempo que no tocaba unas sábanas tan finas y su cuerpo era hermoso, marcado por el tiempo, pero muy bello. Su deseo era fuerte y sincero y me excitó mucho más. Acaricié sus piernas envueltas en lencería cara, hasta llegar arriba; no llevaba panties y yo humedecí mis dedos en su interior. Lamí sus pezones y de pronto ella se dio la vuelta y exigió que la penetrase sin esperar, a lo que accedí rápidamente.»

En los lugares más insospechados

En estas fantasías va unido el deseo de obtener placer y la atracción por el peligro a ser descubierto. Otras veces hay una parte de exhibicionismo y en otras sólo se trata de aprovechar la ocasión que se presenta en los lugares más increíbles: metro, parques, ascensores, etcétera, suelen ser los escenarios escogidos para protagonizar un nuevo episodio de fantasías eróticas.

H: «Aquella chica me volvía loco. Cada vez que sentía su cuerpo cerca comenzaba a entrarme un sudor caliente por todo el cuerpo y mis pantalones parecían siempre a punto de explotar. Lo habíamos hecho en cualquier posición y lugar. Nos metíamos mano en el auto, en un portal, en el cine… Esa tarde estábamos en un bar de copas. Comenzó a besarme. Noté que estaba excitada y de repente sentí que llevaba mi mano hacia su entrepierna. Disimulando con mi cuerpo le metí la mano por debajo de la falda, mirando al camarero por el temor a ser descubierto, y mientras me abrazaba le acaricié el clítoris hasta que consiguió tener un orgasmo. Pagamos las copas y nos fuimos corriendo, por si nos habían visto.»

Las nuevas tecnologías

Sí, chica sí. Las nuevas tecnologías también están invadiendo el mundo de las relaciones sexuales. En un principio parece que no es muy compatible una cosa con la otra, pero te sorprendería conocer las posibilidades y el éxito de algunos medios.

Líneas de teléfono eróticas, páginas web, chats en internet, o anuncios en revistas son tan sólo algunos ejemplos. Si la llegada del teléfono supuso una revolución, no te cuento qué pasa con Internet. Casi todo el mundo dispone hoy de un ordenador personal desde donde se abre una ventana al increíble mundo de las relaciones. El anonimato que te proporciona una llamada de teléfono o entrar en uno de los numerosos grupos de conversación sobre sexo que hay en la red, provoca que los individuos pierdan el miedo a un encuentro erótico.

En el fondo son un reflejo de la soledad que embarga a una gran mayoría de personas. Es un tipo de relación a distancia, que te abre nuevas posibilidades de encontrar pareja. El que tu hombre prefiera los contactos de Internet sólo se explicaría por el interés de lo nuevo y porque es muy fácil mentir o exagerar sobre una misma. Como ves, no estoy muy entusiasmada con lo del sexo por teléfono, pero te doy algunas sugerencias que hasta podrías compartir con tu pareja.

- Llama a tu amigo de juegos sexuales. Comienza tratando un tema cotidiano para conducir poco a poco la conversación hacia el terreno que te interesa. Describe la ropa sexy que llevas puesta, el estado de tus genitales, el modo en que acaricias tu clítoris. Pregúntale hacia qué bolsillo del pantalón apunta su pene, si hay alguien cerca, si puede masturbarse durante la conversación.
- Queda con tu pareja para acceder a un chat de sexo en internet. Los dos debéis entrar a una hora determinada, con nombres falsos, que conoceréis de antemano, y comenzad una conversación sexual. El experimento puede resultar sumamente excitante porque cientos de personas posiblemente estarán leyendo vuestros mensajes eróticos o pornográficos.
- Un día en el que sepas que vas a llegar tarde a casa, envíale un mensaje recomendándole algunas páginas web de contenido erótico.

Cuando regreses, probablemente lo encontrarás todavía atrapado delante del ordenador. Ponte a su lado para mirar algunos contenidos y comienza a acariciarle sin apagar el equipo.

Ampliar el círculo de amistades... sexuales

Hemos visto que algunas de las fantasías habituales de hombres y mujeres consisten en tener relaciones con **varias personas**

a la vez. ¿Y porqué no? Lo importante es lo que tú decidas. Si participas por tu propia voluntad en este tipo de *juegos*, piensa que hay que poseer una actitud y estado de ánimo muy *especiales* (se suele hablar de una actitud «abierta», aunque me resisto a llamarla así). Antes de asumir una relación de este tipo piénsalo bien, sopesando pros y contras.

También te recuerdo que si en lo más hondo de ti sientes que «eso no va contigo» es mejor esforzarse en ser una misma, y no convertirse en alguien que no eres; las personas vivimos transformaciones prodigiosas, pero tampoco tenemos porqué ser *otra persona*, es decir, lo que no somos.

Por otra parte, casi no habría ni que decir que si a tu hombre le apetece practicar **todos** mis consejos de este libro, lo más probable es que, como mínimo, sea un *monstruo* del erotismo.

Si estáis de acuerdo, no tiene por qué ser negativo probarlo, a pesar de que entraña riesgos porque pone a flor de piel sentimientos como los celos, la fidelidad con tu pareja, etc.

Una pareja, por ejemplo, invita a alguien a participar de sus encuentros sexuales y realizan **intercambios de pareja**. Como digo, hay un par de elementos que debes barajar.

El tema de la fidelidad es uno de ellos. Podéis acordar dejaros completa libertad en este sentido. Algunas parejas prefieren contarse después los encuentros ocasionales con terceros para excitarse mutuamente.

El otro tema son los celos. Es un sentimiento contra el que no se puede luchar. Podrías intentar controlarlos, para que no te lleguen a obsesionar, pero están ahí.

O sea, que si eres del tipo de mujeres fieles, que piden a su pareja el mismo trato que ellas les dan, y además puedes dejarte llevar por los celos... ¡estupendo!

Pero es mejor que pases de largo este capítulo.

Sin embargo, si lo que te apetece es probar experiencias diferentes, y crees que tu hombre puede sentirse interesado por el tema, ¡adelante!

Intercambios

Imagina que estás en un bar con tu pareja y ves a un tipo que te hace algunas señas. En principio el hombre no te desagrada, casi dirías que te atrae y que te irías con él para tener una experiencia, lo más inolvidable posible. ¿Dejarías ir a tu pareja con la mujer que acompaña a ese caballero que acabas de conocer, mientras tú te lo pasas en grande con él? ¿Estás segura de que no te pasarías el tiempo pensando en lo que está haciendo tu compañero con la otra chica? ¿Podrías disfrutar de tu encuentro? Si respondes que sí, estás dispuesta para realizar un intercambio de parejas.

Los bares de copas especializados son los mejores lugares para encontrar este tipo de experiencias, aunque también puedes proponerlas a algunos amigos que creas que pueden estar interesados en ellas... asegurándote bien, si no quieres perderlos.

Un truco para que las cosas salgan bien: Ponte de acuerdo con tu compañero para hacer algún tipo de señal que signifique no aceptar a la otra pareja para el intercambio.

Cinco consejos maravillosos

*Por el lunar de la mejilla de mi amada,
daría yo las ciudadas de Samarkanda y Pokara.*

(HAFIZ)

1.- *El orgasmo múltiple masculino*

«Me di cuenta de que también ellos pueden sentir diferentes tipos de placer» afirma María, 27 años. «Imitando lo que vi en una película, le até con cintas de seda en la cabecera de la cama y le excité acariciando las manos y la boca hasta tenerle a punto de caramelo. Después, en vez de seguir o desatarle, hice una pausa durante unos minutos en los que dejé de estimularle. Lo repetí tres veces, llevándole al borde del orgasmo por triplicado, hasta tenerle rogando, pidiendo por favor que no volviera a parar, que siguiera ya de una vez. Cuando le concedí su deseo, tuvo el orgasmo más intenso y poderoso que he visto jamás. Tembló de pies a cabeza, y se pasó el resto de la noche dándome las gracias. Suena a manido, pero la verdad es que desde entonces siento como si fuera mi «esclavo sexual», siempre abierto a cualquier propuesta.»

Los hombres son capaces de tener varios tipos de orgasmo, de forma equivalente a las mujeres; son orgasmos que oscilan entre el escalofrío más sutil y las más enloquecedoras contracciones, según el tipo de estimulación que reciben. Nosotras no somos las únicas que tenemos la suerte de experimentar varios orgasmos sucesivos. Los hombres han pasado siglos malgastando la fuerza que encarnan, por culpa de creer, erróneamente, que sin eyaculación no existía orgasmo para ellos.

Si un hombre eyacula necesita disponer de un periodo de reposo, que puede durar entre 15 minutos y 3-4 horas. Ése es el tiempo que generalmente necesita antes de volver a tener otra erección, y durante el cual le es imposible disfrutar de otro orgasmo de forma inmediata. Por eso es necesario que aprenda a llegar al clímax sin que salga el semen.

En otro lugar de esta obra nos referimos a las observaciones de los orientales, sobre la conveniencia de evitar eyaculaciones innecesarias para disfrutar de una larga y vigorosa vida.

Para conseguirlo conviene trabajar en colaboración. Se trata de entrenarlo para que, cuando veas que está a punto de tener un orgasmo, pares en seco y pongas en práctica cualquiera de los trucos retardantes que veremos a continuación. Además, él debe contraer el músculo del amor (ya sabes, al igual que nosotras, ése conjunto de músculos capaz de detener la acción de orinar).

Este truco detiene la salida del esperma, aunque hay que entrenar sus músculos antes, contrayendo y relajándolos durante unos diez segundos entre 20-30 veces al día. Puede hacerlo en cualquier momento, incluso cuando vaya a orinar: basta con detener a voluntad la micción y luego seguir, a pequeños intérvalos.

Al cabo de una semana ya se notan los resultados, pero es mejor dejar pasar más o menos un mes. Con cierta pericia, tu hombre será capaz de detener la eyaculación incluso durante el orgasmo, lo que asegura varios clímax seguidos. ¿Parece complicado? Es cuestión de ponerse, con ganas y paciencia...

2.- Secretos de Oriente: masajéalo dentro de ti

Vayamos a otro truco. ¿Quieres que su placer dure y dure? Existen técnicas de excitación gradual que le pueden mantener en esa fase del «que me voy, que me voy» durante más tiempo del que nunca se hubiera imaginado, con lo que orgasmo es más explosivo. Los orientales nos llevan siglos de refinamiento en las artes amatorias, tanto si seguimos a los taoístas chinos como si hacemos caso de las prácticas tántricas o de las posturas de los Kama sutras, que ya te hemos seleccionado en otro lugar del libro.

Aquí nos referiremos a un secreto que dominan muchas mujeres de Extremo Oriente. Consiste en «masajear» su pene dentro de ti, mediante contracciones de los músculos interiores de la vagina (pubococcígeos). En Occidente se ha visto alguna vez a malabaristas tailandesas que lanzaban pelotas desde su vagina, o que aspiraban el humo de un cigarrillo: lo que proponemos *no tiene nada que ver* con este tipo de extravagancias, sino que se trata de aprovechar, de forma natural, las posibilidades ocultas de tu propio cuerpo.

Recuerda que para dominar esta técnica necesitarás controlar tus músculos vaginales al cien por cien, para lo cual sólo tienes que detener tu orina cuando micciones. Se trata de contraer los músculos de tu vagina y contar hasta diez antes de relajarte. Practícalo unas 20 veces al día durante un par de semanas. Estos ejercicios Kegel son los que te convierten en lo que los Kama sutras llaman una «agarradora», es decir, una chica capaz de masajear el pene de su amado desde la vagina.

También multiplican tu propio placer y mantienen, o te ayudan recuperar, la firmeza de la pared muscular de tu vagina, como recomiendan, por otra parte, los ginecólogos como ejercicio después del parto, por ejemplo.

Pruébalo cuando te hayas ejercitado un poco. Cuando él esté dentro de ti, contrae la vagina en torno a su pene. Notarás que su erección crece y se hace más intensa: es el momento de contraer esos músculos de forma intermitente, aumentando gradualmente la fuerza y la rapidez. Los hombres valoran mucho este truco debido a lo impresionantes que son los resultados...

3.- *Una llamada a Eros*

Este es un pequeño aperitivo, muy indicado para los prolegómenos de tu encuentro sexual: conecta dos zonas erógenas a la vez. La forma más sencilla es establecer una conexión entre alguna parte del cuerpo (por ejemplo, pezones, orejas, cuello o muslos) con el pene. Es una doble estimulación que dispara su placer hacia arriba y hasta cotas muy elevadas.

Puedes comenzar estimulando no sólo el pene, sino cualquier otra zona erógena, por ejemplo, y si le gusta, los pezones. Acaricia su miembro y besa su pecho al mismo tiempo, con gestos sincronizados que vayan en una misma dirección, ejerciendo una presión constante. Después dejas el pecho y te dedicas sólo al pene y luego vuelves al pecho, pidiéndole que se concentre en los pezones. Es una forma de entrenarle para que, cuando te acerques a sus pezones, sienta un cosquilleo reflejo en el pene

4.- *Su «punto G»*

Insistiremos en que los hombres, al igual que nosotras, pueden tener diferentes tipos de orgasmo y de diferentes intensidades. Y que incluso pueden experimentar varios en una sola sesión sexual. ¿Tienen los hombres su «punto G»? Hay expertos que consideran que sí, localizado en el perineo, que es esa zona que va de los testículos al ano. Al estar repleta de terminaciones nerviosas, allí se puede desatar un orgasmo bien diferente del que se obtiene normalmente, concentrando la excitación sólo en el pene.

Cuando se presiona esa zona (ver dibujo) se estimula la próstata, un punto rico en terminaciones nerviosas situado bajo la vejiga masculina. Al ejercer ahí una suave presión, con la lengua o con los dedos, puedes provocar oleadas de placer diferentes de las que se consiguen estimulando el pene.

También puedes combinar las manos y la boca para estimular pene y perineo a la vez. Como relata un testimonio: «Mi novia es un genio para ponerme a cien; primero me estimula el miembro hasta que estoy como loco, y sólo entonces comienza a hacer presión sobre allí (el perineo) con el pulgar. Me masturba con una mano mientras con la otra empuja de forma regular en esta zona, un poco como si apretara un timbre de forma rítmica. En pocos segundos me pongo a temblar de pies a cabeza y noto escalofríos por todo el cuerpo. Me siento como un volcán a punto de explotar.»

5.- Durar más, rabiar de placer

No hay nada como excitarle, hacer una pausa, y volver a empezar desde el principio. Llegas casi hasta el final y cuando está a punto... ¡zas! te retiras. Eso te ayuda a mantén una seducción básica todo el tiempo.

Cuando un hombre está al borde del orgasmo todos sus músculos se tensan; por eso, si paras la estimulación justo en ese momento, conseguirás aumentar esa misma tensión. Cuando por fin se libera, la sensación es mayor.

La prueba es muy fácil de hacer, si conoces (o descubres) cuál es ese momento en el que está justo a punto de explotar: los muslos y las nalgas se contraen y tiemblan, se acelera la respiración y los latidos del corazón...

En ese momento comprime el glande con tus manos, presionándolo entre el índice y el pulgar. Aunque lo hagas con fuerza no le dolerá, es un gesto que detiene su eyaculación (suele aconsejarse como ejercicio en caso de eyaculación precoz), aunque disminuya un poco su erección durante unos momentos.

Hay chicas que siguen otro truco: tirarle suavemente de los testículos justo cuando está a punto de desbordarse. En este caso hazlo con cuidado, porque se trata de una zona sensible. Su escroto se encoge y se pega al cuerpo, así que, al tirar del mismo, contrarrestas su orgasmo. Al cabo de dos o tres veces te suplicará que lo dejes disfrutar de una vez: es el momento de concederle su deseo...

Capítulo 6

Mirémoslo de otra manera

> — *Los hombres y las mujeres buscan cosas*
> *muy distintas en el sexo. Nunca serán*
> *reconciliables.*
>
> — *¿Y dónde dirías que entra el amor*
> *en todo eso?*
> — *Oh, sólo hay un tipo de amor duradero;*
> *el amor no correspondido.*
> *Ése no te abandona nunca.*
>
> (SOMBRAS Y NIEBLA)

Últimas recomendaciones

Hasta aquí este resumen de actividades, trucos y consejos para que que tu pareja aúlle de placer en la cama. Como ya te hemos explicado, no se trata sólo de que hagas exhibiciones de **todo** lo que has aprendido. Recuerda que es mejor poco y bueno... También hay una parte importante de las relaciones que debes cultivar. Atraer a un hombre y conseguir que pierda la cabeza por tus huesos es una tarea que requiere también otro tipo de esfuerzos y algunos **esfuerzos extras**. Piensa siempre qué cosas sexys puedes hacer por él. Yo comencé haciendo una lista, que ampliaba o tachaba según los resultados. Aquí me permito sugerirte unas cuantas, contando con que alguna de ellas (como por ejemplo, despertarlo a las tres de la madrugada) puede no ser del todo de su agrado. El resto lo dejo a tu imaginación e intuición.

1. Despiértalo de madrugada, pidiendo guerra (reservado para los días en los que tu oferta será bien recibida).
2. Hazte algunas fotos: en el baño, en ropa interior... Y pide a una amiga que vaya a recogerlas, por supuesto.
3. Ofrécele una ducha juntos, para enjabonarle la espalda.
4. Renueva tu lencería.
5. Prepara un *strip-tease* con los conjuntos nuevos.
6. Enséñale cómo te masturbas.
7. Aprovisiónate de fresas o cerezas. Coloca una en tu pecho e invítale a comerla.
8. Ahora ponte una en la vagina y pídele lo mismo.
9. Déjale notas eróticas en la agenda.
10. Reserva habitación en un hotel y registraros como «los señores García».
11. Provócalo en lugares públicos, rozando distraídamente sus genitales con tu mano.
12. Mete la mano en el bolsillo de sus pantalones con la excusa de buscar un pañuelo, una moneda... y aprovecha para acariciarle un rato.
13. Haz que te invite a cenar a un restaurante y hazle saber que no llevas bragas.
14. En el restaurante, descálzate, estira la pierna por debajo de la mesa y coloca tu pie en su entrepierna. Masajea la zona con los dedos.
15. Comparte una botella de vino y derrama un poco tu cuerpo para que él lo beba.
16. Llena de champán uno de tus zapatos nuevos de tacón de aguja de 9 mm e invítale a beberlo.

17. Consigue unas medias finas con raya por detrás. Ponte una falda ajustada y una blusa un poco escotada. Propónle una salida.

18. Queda con él en un bar de copas y finge que no le conoces. Que intente conquistarte de nuevo.

19. Masturbaos juntos, por la mañana, antes de ir a trabajar.

20. Compra preservativos de sabores o de colores. Puedes buscar alguno fluorescente, porque brillan en la oscuridad (apaga las luces del cuarto).

21. Comienza a acariciarle la entrepierna mientras habla por teléfono con su madre o con su jefe.

22. Propónle probar alguna postura nueva de vez en cuando.

23. Llévalo a comprar ropa a unos grandes almacenes y pídele que entre contigo en el probador.

24. Regálale una película atrevida o muy sexual, tipo *Nueve semanas y media*. (O alguna parecida).

25. Pídele que te deje vendarle los ojos, y hazle una sesión que no olvide fácilmente.

¿Has tomado nota? ¡Y a qué esperas! ¿Porqué no comienzas hoy mismo? ¿Ahora? ¡*Ya*!

El fin del sexo

El escritor y maestro de aikido norteamericano George Leonard es el autor de una serie de libros y artículos relacionados con el cuerpo, la mente y el espíritu. Tras haber trabajado durante años como editor en revistas de éxito, en 1983 escribió El fin del sexo, un libro relacionado con la situación del amor erótico tras la revolución sexual. Hemos seleccionado algunos pasajes de dicho libro a modo de ayuda esclarecedora de los porqués. ¿Por qué todo esto? ¿Por qué esta colección de trucos y pequeños secretos relacionados con los hombres?

Hace poco, un hombre me contaba un encuentro que tuvo en uno de esos lugares en donde los emparejamientos parecen ser más fáciles, los bares o puntos de encuentro musicales que favorecen las relaciones. Una mujer que estaba sentada en la barra, muy cerca de él se sentó a su lado y, sin saludarlo siquiera, le dijo: «Quiero ser perfectamente directa. ¿Te gustaría ir a mi casa y follar?» Su invitación, que fue rechazada en esta ocasión, representa un triunfo de la ideología que expresa de un golpe la liberación sexual y la agresividad femenina. Frases que antes hubieran escandalizado hoy hacen bostezar. El sexo recreativo, gimnástico, fracasa porque es aburrido y no porque sea inmoral. La trama puede resumirse, a la manera de Hollywood, en tres frases:

El chico conoce a la chica. El chico consigue a la chica. Se separan.

En comparación, hasta la historia más trillada de «chico-encuentra-chica» tiene, al menos, cientos de posibilidades. El deseo de tener una historia es una característica humana universal. Las mejores historias, como los mejores juegos, están llenas de suspense, de salvaciones por un pelo, de conflictos interesantes y de resoluciones satisfactorias. Desde este punto de vista, el amor romántico, con la añoranza, el peligro y desesperación, separaciones y reencuentros, es el que interpreta la obra en el sentido más amplio. El sexo meramente recreativo, en cambio, le resta valor, convirtiendo la historia en algo monótono, repetitivo y aburrido.

Por eso los discursos, libros y películas sobre experimentos sexuales palidecen ante el brillo del amor erótico verdaderamente espontáneo, profundo y realizado con todo el cuerpo. El amor (¿hay alguna duda?) es la expresión humana de la energía creadora que engendra bosques inmensos o hace que los seres primitivos de los mares respiren, corran o vuelen.

Erotismo, energía y éxtasis

Es la energía que da la vida a los humanos y es la fuerza que acabará por unificar el mundo. Si sólo lo viéramos con buenos ojos, cada acto de amor nos parecería una manera de afirmar y de continuar la vida. Dos personas unidas practicando el amor erótico crean su propio campo de energía, algo único en el mundo. Es una unión que no surge no necesariamente para procrear, pero es un acto creador; en algún rincón del universo hay un aumento de la información, una nueva energía, una nueva forma de luz.

Por eso podemos decir que el encuentro erótico significa un acercamiento al estado de éxtasis. Permite la libertad singular de arrancar mis máscaras, de destruir todas las fachadas que suelo presentar ante el mundo, de existir por un rato en un estado puro en el que no hay expectativas ni juicios previos. Las máscaras de la apariencia y de la costumbre se arrancan una a una. Primero desaparece la ropa, luego todos los otros signos de tipo social: el trabajo, los títulos, los honores, la cuenta bancaria. El decoro desaparece y, con él, el orgullo.

Mi libertad se basa justamente en la entrega y en mi voluntad de abandonar esa personalidad que me he creado a pulso (persona, término griego que significa «máscara»), esa imagen de lo que soy en el mundo y de lo que debo ser: mi ego. Si estoy dispuesto a llegar hasta aquí, sin esperar nada del otro, entonces no puedo equivocarme. No hay «problemas sexuales» ni «soluciones sexuales». Soy como un dios, ocurra lo que ocurra. Así, en este estado abierto y de entrega, renunciando a todo «esfuerzo», puedo realizar todo mi potencial erótico. Estoy dispuesto a perder todo sin encontrar nada. En estas circunstancias resultan inútiles todas las cosas aprendidas que nos sirven en el mundo ordinario: la gramática, la sintaxis, la agudeza de los sentidos...

El amor erótico es algo demasiado importante como para que lo reprimamos, y demasiado importante como para que lo desvaloricemos.

Abiertos a lo imprevisible

La confianza es la otra cara de la entrega y no es posible establecer una conexión profunda sin entregarse. Y eso sin querer adueñarnos de la otra persona, porque la simple idea de ser «dueños» de alguien lo convierte en un objeto. Se trata de estar dispuestos a dar o recibir lo imprevisible y lo misterioso, lo cual no tiene por qué acercarnos forzosamente a lo que entendemos como «vulgar».

En el universo de la física cuántica, mientras más sabemos la posición de una partícula elemental, menos sabemos sobre su momento. En el amor, mientras más intentamos que nuestro amante manifieste su opinión, menos sensaciones y menos impulsos sentimos. No hay imposiciones ni obligaciones para nuestro amante.

El peligro, la inseguridad y una pizca de lo prohibido son ingredientes que aumentan la emoción de cada momento que pasamos juntos.

El esplendor del amor erótico nos ofrece la oportunidad de entablar una relación apasionada con otro ser humano y, a través de ella, con el universo. El amor nos conecta con otros seres humanos, con todo el mundo y seguramente hasta con las estrellas.

¿Qué relación quieres?

La pregunta puede sorprender en los tiempos que corren, pero si quieres ir al encuentro de una actividad sexual exquisita, es algo que conviene dejar claro. En los *Kama sutras*, Vatsyayana habla de hasta ocho categorías o vínculos sexuales, desde la unión ambigua, o «de pajar» (satisfacer una pulsión sexual sin más, con frecuencia con la intervención de prostitutas) a la unión de flechazo, con los dos amantes verdaderamente encadenados por la pasión.

Ni que decir tiene que cuando coincides con tu pareja, es decir, cuando ambos compartís un mismo sentimiento, la relación sexual toma otra dimensión, y la ternura, la complicidad y el afecto ayudan a un placer que se renueva cada vez.

«Soy demasiado mayor para esto...»

En este libro nos dirigimos a personas de cualquier edad. ¡Nunca es demasiado tarde para vivir la maravillosa experiencia del amor! Excepto en el caso de enfermedad, cualquier miedo o cualquier excusa sólo es una *limitación* que nos impide el autoconocimiento y la superación personal.

Cada día nos reinventamos. Según cómo nos reinventemos (y, sobre todo, según lo vivamos, según la sensación que nos dé) obtendremos la preciada fruta de la felicidad de una u otra forma.

Tanto si deseas ir al encuentro de nuevas experiencias, como si quieres afianzar una relación, o en el caso de que te interese reavivar los encuentros con tu pareja, una mirada a los trucos y consejos de este libro puede darte nuevas claves e ideas. ¡Te sorprenderán los resultados! Ahora bien: tú decides. Tú eliges. No te obligues a nada que no quieras.

Notarás que entre los consejos del libro aparecen pequeños detalles de tipo *psicológico* (muy simples y muy pocos realmente, si tenemos en cuenta su importancia). En esta obra nos hemos propuesto ser breves y prácticos, pero reconocemos el papel decisivo de la mente en los temas eróticos. En el caso de los hombres se ha dicho que el cerebro es «el primer órgano sexual»...

¿Por qué un poco de psicología? Porque ayuda a un mayor autoconocimiento y permite ver las cosas con cierta perspectiva.

Miedos

Hemos hablado de miedo. Recuerda que uno de los primeros miedos que vale la pena abandonar es *el miedo a hacer el ridículo* ¡ese miedo sí que lo es, de ridículo!

¿Miedo a las comparaciones? ¡Ellos sí que sufren, pobres, con las comparaciones! Piensa que, en la cama, siempre puede darse el caso de «alguien mejor que tú», pero en cambio es seguro que existen millones de casos de personas «peores que tú»... Incluso contando con que tanto tú como tu pareja seáis unos refinados especialistas en el arte del erotismo y la actividad sexual, eso no garantiza que necesariamente se produzca esa milagrosa «química» que hace que una relación funcione.

Así que mucha calma. Y recuerda el consejo del gran sabio yogui: «un gramo de práctica vale más que toneladas de teoría».

Diosas y Prostitutas

(¿Qué pensará él de mi? Creerá que soy una cualquiera...)

Recuerda que, hace unos pocos miles de años, la sexualidad era sagrada. Y al decir «sagrada» no nos referimos a las religiones organizadas, ni buscamos el lado moralista, ni opinamos sobre el sentido de procrear, etc. Queremos recordar que el culto a la

Diosa de las tribus primitivas significaba, ante todo, un respeto a la Madre Naturaleza y a los Mitos y Símbolos que son capaces de explicar mejor el mundo en el que vivimos que cualquier otra teoría…

Así que tú (Tú) eres la Diosa: ¡descubre la Diosa que hay en ti! Aunque a veces el hilo que marca la frontera entre una Diosa y una prostituta sea tan fino que pueda confundirse con gran facilidad. Ahora bien, ¿quieres de veras volverle loco?

Pues estás de enhorabuena, porque tu tarea, según la pongas en práctica, puede ser un gran arte, que empieza en ti misma, en tu valoración y en tu **autoestima** (recuerda que, si es baja, hay que trabajarla también). En esa incesante danza de energías vas a *salir a bailar*. Es una aventura apasionante, en la que descubrirás mucho más de ti misma.

(¡Esto es patético! ¡Así sólo voy a hacer el ridículo!)

Puede ser. Aunque no pongas en práctica todas las propuestas que hacemos, es bien posible que en algún momento te lo parezca, e incluso que sea así. Pero… ¡y qué! El mundo no se acaba en un día. Alguna de las ideas que te hacemos puede parecer (y hasta ser) patética, en un momento dado. Pero ríe. Ríe todo lo que puedas, porque el Universo entero reirá contigo. Lo mismo que en esas otras ocasiones en las que disfrutarás con esa otra propuesta que te (os) parece tan sublime.

Tu arte va a consistir también en descubrir cuándo se entiende que es una cosa y cuándo la otra. Y cuándo (y cómo) él te percibe en vuestros encuentros eróticos. Conociendo bien esa parte tienes casi la mitad del camino recorrido.

Siempre igual, siempre diferente

De la misma manera que en el amor no existen reglas, en temas sexuales no existe una «norma». Puede ser «normal» lo más increíble. Cada encuentro amoroso de dos seres humanos brinda una situación singular y diferente cada vez. Por eso, si añades una mayor dosis de creatividad a tu vida de cada día conseguirás beneficiosos resultados también en la cama.

Casi siempre la vida sexual es un fiel reflejo de todo lo demás. Si en tu vida pesan más unas cosas que otras, es fácil que así sea también en el sexo.

Por ejemplo, te puedes encontrar con que, si eres o te sientes *parlanchina*, aburras a tu pareja con palabras, en vez de sexo (cosa que también puede sucederle a él, desde luego). Lo mismo si te sientes más bien romántica, o más bien intelectual, o más dada a temas trascendentes o intrascendentes. Las reacciones pueden ser tan variadas como inesperadas.

Uno de los atractivos de la actividad sexual, aparte del propio placer y la sensación de compartir energías, es precisamente aquel punto de incertidumbre que anima el deseo hasta el fin de nuestras vidas.

...Y de la ternura, ¿qué?

Éste es el título de una vieja película francesa relacionada con la nouvelle vague. De tres modelos de pareja: pareja romántica, pareja falócrata y pareja tierna, sólo la última parecía mostrar posibilidades duraderas. La pareja romántica terminaba con el varón buscando aventuras extraconyugales, y la pareja falócrata terminaba buscando «sensaciones nuevas» poco duraderas.

Se dice que, al final, «el amor que te traes es el amor que te llevas», y suele ser verdad. Pero hemos intentado ir más allá de las simples frases y de las bromas.

Por eso creemos que este pequeño manual os será útil. Y, aunque casi no sería necesario mencionarlo, insistiremos, una vez más, en el valor y la importancia del afrodisíaco más seductor y potente de todos. Sin ese gran afrodisíaco… todo lo demás es estéril y no hay nada que hacer… (¡Suerte!)

Las discusiones

En el Norte de Europa existe un proverbio desde hace siglos que, con todas sus variantes, conserva una gran dosis de vigencia y sabiduría: *«Las discusiones matan el amor»*. A veces los hombres se conforman con muy poca cosa. Les gusta, como a todo el mundo, que les hagan un poco de caso. He conocido a profesionales del sexo cuyos clientes prefieren, simplemente, conversar un rato con ellas.

Puesto que se trata de pasarlo bien, no vamos a haceros listas de temas y modalidades de discusión. Si de reñir se trata, la cosa es fácil. Los dramaturgos, las películas, los seriales y la vida misma se encargan de ponernos al día y permanentemente actualizados.

De todas formas recuerda que las discusiones no son lo mismo que las «peleas entre enamorados». Es algo que conviene no confundir nunca: incluso en el célebre Kama sutra éstas últimas se consideran una buena señal entre las mejores parejas.

Es fácil que en una relación continuada aparezcan peleas y discusiones. Pero conviene tenerlas muy controladas. Cuando se producen diferencias irreconciliables no es tan fácil recobrar la espontaneidad y la confianza en la cama.

Manual de reparaciones

*Resulta muy difícil que cabeza y corazón
vayan de acuerdo en la vida. En mi caso,
ni siquiera se llevan bien.*

(DELITOS Y FALTAS)

Qué hacer si...

Esta es la parte final de nuestro manual. A veces (más veces
de las que todo el mundo cuenta) el sexo no funciona, así que
hemos preparado una pequeña «Lista de Averías». El «catálo-
go» de trastornos o anomalías es amplio, aunque los que
requieren una visita al médico son, por suerte, mucho menos
frecuentes.

Acupuntura. es una de las técnicas esenciales de la medicina tradicional china desde hace miles de años. Se considera que
unos meridianos recorren el cuerpo humano, por los que cir-
cula nuestra energía vital que, en ocasiones, fluye de forma
insuficiente o se bloquea. Las disfunciones de la energía pueden producirse por un shock emocional o físico. Para equili-

129

brar la energía se aplican agujas en puntos concretos de nuestra piel, directamente conectados con los órganos afectados. El poder reequilibrador de esas agujas tan finas como cabellos es increíble y no causa dolor alguno. Puede combinarse con homeopatía u otros remedios naturales, que son tan inofensivos como eficaces.

Afrodisíacos. Tradicionalmente se dice que sus poderes son misteriosos y discutibles: ni el polvo de cuerno de rinoceronte ni el producto llamado «mosca española» poseen una eficacia demostrada, como no sea su capacidad de irritación de los tejidos. Sin embargo, el ginseng, o muchos alimentos, como el humilde apio, ejercen un ligero efecto erótico.

Otros, como la jalea real o los mariscos, son alimentos que simplemente aportan vitaminas, minerales y oligoelementos (como el zinc, por ejemplo) de valioso poder revitalizador.

Existe un tercer grupo de productos de reciente creación prometen sexo, como las bebidas con suplementos vitaminados (por ejemplo, con taurina), si bien su poder real es menor del que promete la publicidad. Además es necesario separarlos claramente de los medicamentos, como el célebre *Viagra*, útil sólo en caso de dificultades de erección.

Es aconsejable consultar a un médico especialista antes de consumir cualquiera de estos productos, ya que algunos de ellos presentan importantes contraindicaciones.

Anorgasmia. Se produce cuando la mujer no puede llegar al orgasmo, a pesar de que puede excitarse, sentir la lubricación, sentir la hinchazón genital y todo tipo de impulsos eróticos. Se trata de un bloqueo físico, ya que el deseo continúa estando latente en la mujer. Es la más frecuente de las disfunciones sexuales femeninas. Existen dos tipos de anorgasmia , la primaria: cuando la mujer no ha experimentado nunca un orgasmo; y la secundaria: cuando en alguna ocasión si lo ha tenido. En este sentido la creencia popular, y no la médica, diferencia peyorativamente el orgasmo alcanzado a través del clítoris del que se consigue en el coito vaginal. Los expertos, después de exhaustivos estudios, coinciden en que tanto el orgasmo vaginal como el del clítoris tienen la misma importancia. Hay que matizar que la mujer que no alcanza un orgasmo realizando el coito no es necesariamente anorgásmica.

Ansiedad. Es la respuesta del organismo ante cualquier tipo de amenaza, tanto si es real o imaginaria. El organismo se coloca en situación de alerta y se prepara para luchar o escapar, como en cualquier otra situación de estrés. Aumenta el flujo sanguíneo en el corazón y los músculos, a la vez que disminuye en las zonas que no se utilizan para luchar o escapar, entre ellas los genitales. Por tanto ante la amenaza del posible fracaso sexual, la sangre no acude al pene impidiendo la erección. Precisamente el mayor enemigo de la erección es la ansiedad. El mejor consejo en estos casos es no hacer el amor si estamos preocupados o pensando en otras cosas: > Estrés.

Anticonceptivos. Ayudan a prevenir embarazos no deseados o regularizar los ciclos menstruales en las mujeres. Se pueden distinguir dos clases de anticonceptivos: los mecánicos, como el preservativo, el diafragma, el capuchón vertical o la esponja, que interponen una barrera física entre espermatozoides y óvulos; y los químicos, que atacan a los espermatozoides.

Cariño. Junto al respeto es otra de las bases de una buena relación sexual, sea en una pareja estable o ante alguien que acabamos de conocer. Las muestras de cariño nos dan confianza en nosotros mismos y nos deshiniben ante la práctica sexual.

Coquetería. No se trata sólo de una seducción física. Las boberías y tono de voz aniñado dan una sensación de desvalidez y necesidad de cariño, que muchas veces esconde promesas de picardías y travesuras muy felices.

Creatividad. La creatividad sexual está muy directamente relacionada con el erotismo y es una barrera ante la rutina tras una larga convivencia. Ser creativos en nuestras relaciones de pareja aportará mucha más vitalidad y felicidad a nuestra vida sexual, a menudo castrada por la actitud repetitiva en la cama. Sin tener que llegar necesariamente a las prácticas «excéntricas» se puede alimentar la imaginación y probar nuevas experiencias que enriquecerán nuestra relación con la pareja. Naturalmente la creatividad debe practicarse en todos los campos de nuestra existencia, de hecho, existen ya cursos de autoayuda relacionados con la creatividad.

Culpa. Uno de los sentimientos de culpa más comunes que pueden afectar a las relaciones sexuales se debe a la educación religiosa que siempre ha asociado el placer sexual al pecado. También la educación cultural que se recibe incide directamente en la inhibición a la hora de practicar el sexo con naturalidad.

La sociedad ya no vive tan influenciada por la religión o el peso tradicional de la cultura, pero otros fantasmas afectan al individuo y le hacen sentirse culpable de ser poco capaz o acaso de no estar preparado para mantener una relación sexual satisfactoria y cumplir con las expectativas de su pareja. En este sentido las burlas de los amigos, aunque inocentes, pueden ser muy dañinas.

Depresión. Una persona deprimida pierde el interés por los temas eróticos. Inmersos en sus problemas, los depresivos han de resolver primero su situación antes de iniciar una relación. Hay que tener en cuenta que los estados depresivos modifican el funcionamiento del cuerpo y el en el sistema endocrino ocurren cambios que pueden tener un efecto sobre la libido. Puede disminuir el suministro de andrógenos y afectar a los neurotransmisores y a sustancias como la *serotonina* (que disminuye la actividad sexual) y la *norepinefrina* (que la aumenta). Ambas juegan un papel muy importante en el estado emocional de la persona y, de forma recíproca, se ven afectadas por él. Es importante descartar cualquier tipo de depresión o tensión emocional antes de iniciar una terapia sexual.

Desamor. Si el amor es el mejor afrodisíaco, el desamor anula por completo el deseo sexual. Pocas veces nos preocupamos de la persona desenamorada, pero se trata de alguien que sufre con igual intensidad aunque de distinta manera. Al no valorar a su pareja, la necesidad de hacer el amor con ella desaparece. Muchos hombres y mujeres, por miedo a enfrentarse a su desamor, practican el sexo en pareja sin tener nada real que ofrecer a cambio y sufriendo en silencio una dolorosa situación.

Hay varios motivos para el desamor o la ruptura de una relación: la infidelidad, la rutina y la falta de alicientes, y una muy común: el deslumbramiento que nos provoca una tercera persona y que hace que infravaloremos a nuestra pareja.

Despedidas de soltero. Esta costumbre tan arraigada en nuestra sociedad actual no enriquece en absoluto la futura convivencia de la pareja; simplemente no sirve para nada. Cada uno por su lado, y acompañados por un grupo de gente se lanzan a una locura absurda que consiste en hacer las cosas que se cree que no podrán hacer una vez casados Nada más lejos de la realidad y un engaño más que se debería evitar.

Discusiones. Merecen un capítulo aparte, por la importancia decisiva que ejercen en la relación de pareja y en la vida sexual. También hay mucha mitología acerca de una discusión, de la que se dice que lo mejor es la reconciliación, que la mayoría de veces se hace en la cama. En las discusiones sobre temas reiterativos es fácil perder el respeto mutuo, que es una buena base para sostener una relación de pareja sana, tanto en el terreno emocional como en el sexual.

Al igual que con la ansiedad y el estrés, después de una discusión nuestra cabeza está tan ocupada en lo que ha dicho y oído que somos incapaces de desear a nuestro compañero-a.

Dolor. El dolor en los genitales del hombre, cuando no es por causas fisiológicas, suele ir asociado a irritaciones o a trastornos derivados de la promiscuidad y la falta de higiene, como es el caso de las enfermedades venéreas.

Cuando una mujer siente dolor en los genitales, (*dispareunia*), durante o después del coito, puede ser debido a motivos físicos o psicológicos. En el primer caso lo más frecuente es que se trate de las lesiones vaginales o vulvares, inflamaciones e infecciones vaginales, o por el uso de productos de higiene irritantes o debido a la sequedad de la vagina por alteraciones hormonales. Los quistes vaginales o las cicatrices de alguna operación también pueden causar dolor en el coito.

Sin embargo el dolor suele guardar una relación directa con el estado emocional de la mujer, por ejemplo, ante el comportamiento poco afectuoso del hombre. La violencia sexual o los temores culturales o religiosos también pueden influir.

Una vez descartados los motivos orgánicos se debe acudir a un terapeuta y estudiar el problema desde el punto de vista emocional. > Vaginitis.

Dolor de espalda. Las personas que sufran dolor de espalda, en el cuello o los riñones, tendrán un papel menos activo durante la relación, por ejemplo tumbándose de espaldas y evitando cualquier tipo de presión. Lo mismo si se sufre dolor en alguna otra parte del cuerpo, si bien hay ciertas posturas indicadas para los que padecen dolor en la espalda o los riñones. Si es la mujer quien padece los dolores, el hombre puede tumbarse encima de ella pero apoyando el peso en sus brazos para evitar así la excesiva presión en la pareja.

Si se trata del hombre, puede tumbarse o sentarse en una silla con la espalda recta y la mujer sentarse sobre él. Otra buena posición es con la mujer arrodillada hacia delante y con él de pie detrás; hay que asegurarse de que la vagina queda a la misma altura que el pene y que la espalda del hombre se mantenga recta.

Drogas y estimulantes. Se sabe clínicamente que el alcohol, el café y el tabaco dificultan la sexualidad. En cambio, existen otras sustancias que pueden actuar como afrodisíacos (como el yohimbé), estimulantes (como la hoja de coca, por ejemplo) o relajantes (el cáñamo). Los efectos de estos recursos, cuya influencia psicológica es alta, son variables. Como hemos dicho a lo largo del libro, no son aconsejables los estupefacientes y drogas de diseño, ya que para hacer el amor lo mejor es depender de los elementos más naturales posible.

En cuanto a los medicamentos, téngase en cuenta que pueden interferir en los nervios o en los impulsos nerviosos que controlan los vasos sanguíneos. Por ejemplo los fármacos para tratar úlceras o trastornos gastrointestinales, los ansiolíticos, antihistamínicos, los medicamentos para la hipertensión o los diuréticos. Los resultados empeorarán si se combinan algunos de ellos o se mezclan con alcohol.

Enfermedades de transmisión sexual (ETS). Sólo una actitud sexual responsable puede frenar este tipo de enfermedades que son un problema individual y social. Algunas ETS son difíciles de detectar, ya que las señales o los síntomas aparecen más tarde de lo habitual o duran poco, y cuando desaparecen la enfermedad puede no haber desaparecido con ellos. Algunas de estas infecciones se pueden curar con unos simples antibióticos, pero otras, como el SIDA o algunos herpes, no tienen aún un tratamiento definitivo.

Además es importante concienciarse de que una vez infectado se puede propagar la enfermedad a los demás en una cadena sin fin.

Las enfermedades de transmisión sexual más habituales son: gonococia, clamidias, herpes genital, sida y sífilis.

Estrés. No hagáis el amor en situaciones de estrés, o sin tiempo por delante (al menos un par de horas, por ejemplo). Como se sabe, el actual ritmo de vida propicia el estrés y las dificultades en la relación. Ante una situación de estrés, nuestro cuerpo actúa como un economizador de energía y solo utiliza la cantidad que nos ayude a solucionar el problema que nos preocupa.

El sexo no empieza en la cama, sino mucho antes, y la creencia de que se puede hacer el amor a cualquier hora o momento del día que se tenga tiempo para ello no se puede seguir al pie de la letra. Se requiere una preparación, y naturalmente, que los dos estén de acuerdo.

A veces se producen situaciones de estrés cuando uno de los dos miembros de la pareja (a veces son los dos) se siente presionado o estresado a la hora de hacer el amor porque para él no es un buen momento.

Extravagancias. «No me interesan sus extravagancias. A veces eran sus cambios de gusto por mi vello púbico, luego lo de caminar desnuda a cuatro gatas, luego…».

Este tipo de comentario no es nada sorprendente. Tanto hombres como mujeres tenemos nuestras propias fantasías, pero tenemos que entender que lo que para uno puede ser muy erótico y estimulante para el otro puede ser una situación incómoda y en ocasiones molesta.

Eyaculación precoz. Es la dificultad que tienen algunos hombres para controlar la eyaculación: cuando alcanzan un nivel de excitación determinado, eyaculan rápidamente. No todos los sexólogos se ponen de acuerdo del porqué un hombre se convierte o es un eyaculador precoz. Para unos tiene que ver con el tiempo que tarda en eyacular una vez iniciado el coito, en cambio otros lo asocian directamente con la incapacidad de poder controlarla.

No tiene nada que ver con la excitación o con la capacidad de erección, porque muchas personas con eyaculación precoz gozan de erecciones normales. A veces se puede eyacular en las caricias preliminares al coito y hasta ante la visión de un cuerpo femenino sin ningún tipo de ayuda. Las terapias más comunes se basan en hacer que el hombre conozca y se habitúe a los síntomas que anuncian la eyaculación para poder controlarla.

Eyaculación retardada. Quien la padece mantiene erecciones durante el transcurso de la relación sexual, sin problemas, pero suele tener dificultades para eyacular. El problema puede ser leve y superarse a base de alargar el tiempo de estimulación del pene; pero se agrava cuando este tipo de práctica no funciona. Hay hombres incapaces de eyacular en presencia de su mujer o en la vagina que en cambio no tienen problemas para hacerlo si se les estimula oralmente o manualmente. La situación empeora cuando el hombre logra eyacular masturbándose a solas.

Hasta hace unos años la eyaculación retardada era menos frecuente que la precoz. Las causas se encuentran en los cambios de las costumbres sexuales y en la creencia, en general falsa, de que la mujer tarda más tiempo en conseguir el orgasmo que el hombre. Por este motivo él, para ponerse a su altura, ha intentado frenarse cambiando así de una forma un poco brusca sus hábitos naturales.

Fantasías. La atmósfera en la que se practica el sexo amoroso es vital a la hora de hacer del acto sexual algo más que placentero. Por eso son una parte importante en la relación erótica de una pareja y, al igual que la creatividad, el llevar a cabo alguna fantasía sexual ayuda a romper la rutina de la convivencia. Hay que tener en cuenta lo que quiere el otro y sus fantasías. Usar prendas eróticas o decorar una habitación de forma especial deberán ser del agrado de los dos. Como comentábamos en el apartado dedicado a las extravagancias, en la fantasía se tiene que actuar sobre la base del respeto mútuo y de la búsqueda del placer sexual para los dos. Ciertas fantasías irrealizables pueden sustituirse por sucedáneos aproximados y evitar así la frustración del que desea algo y no puede conseguirlo.

Fimosis. Se trata de un problema típico de hombres. Es una tirantez del prepucio del pene que impide la retracción de la piel sobre el glande. Puede resultar doloroso para hacer el amor, pero se soluciona con una simple operación: la circuncisión.

Físico. A pesar de que la apariencia física es muy importante, hay otros aspectos (además de los puramente estéticos) que prevalecen en el momento de la atracción entre un hombre y una mujer. Téngase en cuenta que los cánones estéticos se basan en modas cambiantes y estándares con fecha de caducidad.

Para dar una buena respuesta física hay que empezar por ser uno mismo y sentirnos satisfechos con nuestro aspecto. Quererse, gustarse y mimar el cuerpo, facilita el que alguien se fije en nosotros. Avergonzarnos de nuestro aspecto es el peor favor que nos podemos hacer si lo que pretendemos es gustar a los demás. Evita el afearte más con frases como: «no puedo verme ni en pintura», o «me operaría de todo». Son tonterías ingenuas o de adolescentes.

Frigidez. En este caso, a nivel fisiológico la vagina no se dilata ni lubrica y a nivel psicológico la mujer no siente los impulsos eróticos. Su capacidad sexual se inhibe más o menos, según la gravedad del trastorno. La mujer no nota ningún placer y puede llegar a sentir aversión por la relación sexual. Es posible que se someta a ella si cree que es su *obligación* y que llegue a sentir un cierto placer por ser útil a su hombre, o bien que lo evite. A pesar de no sentir los impulsos eróticos hay mujeres que pueden llegar al orgasmo si son estimuladas adecuadamente, en general en el clítoris.

El peor sentimiento que acecha a una mujer frígida es el de sentirse excluida y utilizada por su compañero, ya que ella no experimenta la relación sexual como un acto placentero.

Glándulas endocrinas. El sistema endocrino está dirigido por la hipófisis, glándula que se encuentra en el cráneo y que es la encargada de segregar hormonas. Éstas, a su vez, estimulan a otras glándulas como los testículos o los ovarios para que segreguen andrógenos. Los andrógenos también son hormonas que, como la testosterona, activan o disminuyen el funcionamiento de los centros sexuales del cerebro. Según el nivel en la sangre de estas hormonas, se avivará o desaparecerá el deseo sexual. Por eso, las alteraciones en el funcionamiento normal de las glándulas endocrinas pueden ser la causa de un trastorno o disfunción sexual.

Incompatibilidades. Es habitual oír la frase «cuando a él le apetece a mi no». Por suerte no todos somos iguales: es lógico que no sintamos siempre el deseo sexual a la vez. Hay que comprender bien esto porque es básico para entenderse con tu pareja. Además *nunca* hay que cometer el error de mantener relaciones sexuales para agradar a la otra persona.

Otro mito relacionado con las (in)compatibilidades es el del *orgasmo simultáneo*, que se dá sólo en contadas ocasiones. Lo importante es que los dos sintáis placer haciendo el amor.

Impotencia. Es una de las alteraciones físicas más frustrantes para un hombre. Se trata, en pocas palabras, de una falta de riego sanguíneo al pene que impide que se mantenga erecto el tiempo suficiente para realizar el coito.

Cuando se padece siempre esta anomalía se trata de una impotencia *primaria*. Una impotencia secundaria se puede producir en un momento concreto, si la persona está sometida a estrés o presión, o bien ha bebido un exceso de alcohol, o ante una situación inesperada. El caso más curioso sería el del hombre que padece una impotencia selectiva; es decir; su pene mantiene la erección necesaria para hacer el amor con algunas mujeres y con otras no. La impotencia puede ser un aviso de otras enfermedades, por ejemplo, la diabetes.

Lágrimas. El llanto de un hombre puede tener efectos eróticos en la mujer, sea por un sentido maternal, o por un sentimiento de protección u otras causas. Algunos hombres utilizar instintivamente una imagen de desamparo para logar finalidades eróticas. La situación no suele darse a la inversa.

Masturbación. La frontera entre las caricias y la masturbación es a veces maravillosamente borrosa, pero el caso es que los occidentales nos hemos sentido tan culpables por los sermones sobre la masturbación que hemos ido a parar al extremo opuesto.

De todas formas recordemos a los grandes sabios de Oriente en este tema: «lo que es verdaderamente importante es que el hombre evite la eyaculación a toda costa». Lo que sí es cierto es que la masturbación más o menos moderada entre la pareja puede pasar a formar parte de una serie de gestos que mejoran y enriquecen las relaciones sexuales. Y aumentan la confianza de la pareja.

Medicamentos. Hay que tener en cuenta a la hora de tomar un fármaco que éste puede influir negativamente en el funcionamiento de nuestra vida sexual.

Algunos, como los indicados para combatir los trastornos gastro-intestinales, los ansiolíticos y los antihistamínicos, interfieren en los impulsos nerviosos que controlan el calibre de los vasos sanguíneos del pene y bloquean algunos nervios. Esto impediría las erecciones. Otros, en cambio, inciden directamente en nuestro estado de ánimo y nos impiden sentir deseo sexual.

Misterio. A veces una aureola de misterio en la relación de pareja es algo muy atractivo. En cambio, el no contar o no expresar los sentimientos puede acabar con esa misma relación. El que calla mantiene una situación de incertidumbre que al principio será soportada por el compañero/a, pero que en el futuro suele degenerar en una situación insostenible que incluso podría llegar a romper la pareja. Misterio sí, pero en dosis moderadas.

Obligación. Obligar a alguien a mantener relaciones sexuales es un acto violento que no se debe tolerar. Si bien antes la mujer ignoraba hasta donde podía negarse a mantener relaciones con su marido, la sociedad actual deja muy claro que lo que antes parecía normal hoy en día es una conducta poco sana.

No hay que ceder ante el deseo del otro/a, si uno no tiene en ese momento ganas de pasar a la relación sexual. Pero de todas formas lo mejor es encontrar un punto intermedio, en el que la pareja se sienta cómoda.

Olores. Además de un entorno agradable, conviene que nos ocupemos del buen olor personal. Alguien dijo que «el amor empieza con perfumes y acaba cuando aparecen los *otros* olores...» Coviene cuidar el propio aliento hasta donde sea posible y aceptar (también hasta donde sea posible) el de la otra persona. Pero desde el aliento hasta nuestros rincones más íntimos, debemos aprender a relacionarnos con nuestros olores y con los de los demás. Hay ciertas partes íntimas que despiden un olor especial al que finalmente hombres y mujeres se habitúan si todo se desarrolla en una atmósfera agradable.

Orgasmo. Se considera que el orgasmo es la sublimación de toda relación sexual pero tampoco hay porqué mitificarlo exageradamente, ya que el no alcanzarlo puede llevar a una frustración. Tanto en hombres como en mujeres, el estado físico después de un orgasmo es de completa relajación y satisfacción, pero se diferencian en que las mujeres pueden alcanzarlos de dos formas distintas (estimulación vaginal o del clítoris) y los hombres a través de la estimulación de su pene.

Sobre el orgasmo recomendamos algunos textos, tanto para hombres como para mujeres, en la bibliografía final de este libro.

Orgasmo simultáneo > Incompatibilidades.

Píldora anticonceptiva. Es un fármaco de uso muy frecuente entre las mujeres. Su aparición en los años sesenta supuso una verdadera revolución para la mayoría de mujeres, ya que así podían decidir libremente si querían ser madres o no. También propició algunos cambios en la conducta sexual.

Las píldoras anticonceptivas están cada día más perfeccionadas, si bien presentan aún diversos efectos secundarios no deseables. Una tendencia entre los especialistas en planificación familiar consiste en combinar más de un recurso anticonceptivo, precisamente para evitar tales efectos. Entre otras complicaciones, en algunos casos pueden disminuir el deseo sexual.

Preservativo. Por qué a tantos hombres les molesta el uso del preservativo? Hemos asistido a un increíble crecimiento de las enfermedades de transmisión sexual, así que no es de extrañar que las autoridades sanitarias, o cualquier especialista, o en cualquier foro, se defienda, con razón, el uso del preservativo. Y tanto o más como una herramienta para la prevención de enfermedades que como método anticonceptivo.

Y bien, ¿entonces? El asunto podría estar ligado a cierto interés del varón hacia una relación sexual más *intensa*, cuya calidad recoja el fluir mutuo de energías que emparenta la auténtica práctica sexual con una «pequeña muerte» personal. Lo cual puede facilitar, si la situación es favorable, cierta percepción de los umbrales del infinito, así como el deseo de recibir la energía liberada en las secreciones vaginales femeninas.

Prolongar el placer. Es el sueño imposible que desean alcanzar muchas parejas ¿Y porqué no? Cada vez más tenemos noticias de ciertas filosofías y prácticas orientales enfocadas a la prolongación del placer sexual. En el tantrismo, por ejemplo, se habla de hombres que pueden alcanzar diversos orgasmos sin llegar a eyacular. También hay utensilios, como unos anillos que, colocados correctamente en el pene mantienen más tiempo en erección el miembro y prolongan el acto sexual.

Psicología. Ya hemos insistido en que este libro no se ocupa de temas de convivencia o de psicología académica. Es un manual para disfrutar de la sexualidad. Pero los resortes psicológicos están presentes a cada paso y por otra parte, ¿quién no cuida primorosamente sus propias *neuras* personales? Casi puede decirse que la psicología está presente en bastantes más momentos de tus encuentros sexuales de los que te imaginas. Se dice a menudo que «el sexo está en el cerebro», es decir que no estará de más que ojees algún buen libro sobre temas de psicología humanista y autoayuda.

Pecho. Los senos no son solo unas glándulas destinadas a segregar la leche que alimentará al niño después de su nacimiento, Recordemos que se trata de una parte activa más de la sexualidad femenina y uno de los elementos más erotizados por los hombres. Un punto erógeno de la mujer a tener en cuenta.

Pérdida del apetito sexual. Si, a pesar de todos los trucos y consejos, notas que «no hay nada que hacer»; que estás ante un extraterrestre que vibra de otra forma, plantéate otro tipo de soluciones. ¡Vive!

Porno. En el mercado existe material pornográfico específico para homosexuales y para otros colectivos, pero la inmensa mayoría de revistas, películas o videos pornográficos se han producido pensando en la mentalidad masculina común (por no decir vulgar), e incluyen abundantes escenas que expresan sumisión, de una u otra forma. Además, existe material pornográfico con elementos escasamentes eróticos (bestialismo, por ejemplo) para una amplia mayoría de personas.

La pornografía no ayuda demasiado a la emancipación. Puede darte alguna pista, pero has de tener en cuenta que en general sigue unas pautas de exageración tan grotescas como infantiles. Sus propuestas se acercan bastante a las normas del circo: «más difícil todavía», «el espectáculo debe continuar».

Priapismo. Erróneamente se piensa que el hecho de tener permanentemente el pene erecto es un síntoma de fertilidad y de placer sexual inagotable. Así lo creían los antiguos griegos y lo plasmaron en su divinidad Príapo, dios de la fecundidad en la tierra.

Nada más lejos de la realidad: es una disfunción erectil permanente y dolorosa en el hombre, con ausencia de deseo. Puede producirse por algún tipo de infección en la uretra o en la próstata o por una disfunción neurológica. Requiere tratamiento médico urgente.

Prohibido. «Lo prohibido es lo deseado». ¿«Prohibido prohibir»? Se considera que los cambios sociales y el nuevo milenio van a traer, necesariamente, un nuevo sistema de valores, en un mundo cada vez más poblado por «muchedumbres solitarias». Si bien cada vez se nos prohiben más cosas, nosotros mismos en ocasiones establecemos barreras emocionales que es mejor evitar, porque nos impiden disfrutar del sexo como un hecho natural. Con precaución y con responsabilidad, claro está.

Seducción. Se dice que la seducción es «aún mejor que el poder». De ahí lo importante que resulta el que «los demás nos hagan un poco de caso». Saber seducir es todo un arte, y más cuando se lleva un tiempo al lado de una persona y todavía se tiene la capacidad de sorprender, de seducirle, y de animarle en definitiva a hacer el amor, por muy cansado o preocupado que se esté.

Para ser un buen seductor o seductora no se requiere una apariencia física extraordinaria, ya que como hemos mencionado en el apartado del físico, hay otras armas que la apariencia, todavía más poderosas que nuestro aspecto.

Sexo sagrado. Se dice que va a ser la gran moda de los próximos años, así que recuérdalo: tú eres *la diosa* y, como dice el sabio taoísta, «En el cielo y bajo el cielo: *todo* es sagrado».

Sexo sucio. La frontera entre lo que nos parece sucio, o no, está en nuestra mente. La tradición, la cultura y la religión nos enseñaron que el sexo es pecado, pero ahora que sabemos que no lo es, ¿qué hacer con ciertas conductas que para unos son aberrantes y para otros no?

Recurriremos a la palabra «respeto», recordando que la mejor arma para disfrutar del sexo es la complicidad de los dos protagonistas y la responsabilidad a la hora de practicarlo.

Testosterona. Es el afrodisíaco natural por excelencia. Se considera que es la única sustancia natural capaz de aumentar el deseo sexual en el hombre, por sus efectos en determinados centros del cerebro. Los testículos se encargan de fabricarla y permiten así la erección del pene y la activación del deseo.

Como curiosidad: se dice que los hombres calvos tienen una vida sexual más plena y son más vigorosos. Recientemente se ha confirmado que uno de los motivos que motiva la calvicie es el exceso de testosterona.

Vaginismo. Es la contracción involuntaria y espasmódica del músculo que cierra la entrada de la vagina al intentar introducir el pene, lo cual impide el acto sexual. Es la menos frecuente de las disfunciones sexuales femeninas y responde en ocasiones a personalidades ansiosas o fóbicas, con miedo a la penetración. Por otra parte estas mujeres suelen llegar antes al orgasmo por estimulación del clítoris, ya que lo temen en realidad es la penetración.

Venéreas (enfermedades). > ETS

Violencia. Conviene diferenciar los malos tratos en casa con las prácticas de tipo sado masoquista. ¿Qué relación apasionada no contiene un ligero acento sadomaso, como mínimo de tipo psicológico? Algunas culturas, sobretodo orientales, tienen verdaderos tratados al respecto, en donde el control del dolor proporciona placer a la pareja. No se trata de prácticas sadomasoquistas, pero sí de pequeños juegos que a ciertas parejas pueden atraer.

En lo que se refiere al sadomasoquismo, ésta es una practica para muchos aberrante, pero nos sorprenderíamos de la cantidad de gente que, en la clandestinidad, lo practica. El control en estos casos es básico para no llegar a situaciones brutales. Sobre gustos...

Voyeur. Hay hombres que se excitan presenciando la actividad sexual. Es otra de las razones de ser de la pornografía. De hecho la mayoría de adolescentes se han masturbado observando revistas de corte erótico y pornográfico. También hay hombres y mujeres que experimentan más placer observando una relación sexual que participando en ella.

Direcciones de interés

Psicólogos

Argentina

♦ **Colegio de Psicólogos de la Provincia de Buenos Aires** •
Calle 8 n° 835, 7° piso, of. 16 • La Plata, (Buenos Aires) • Tel.:
21 11 07, 82 87 70 • http://www. psinet.com.ar/colpsi.htm

♦ **Asociación Psicoanalítica Argentina** • Rodríguez Pena 1674
• 1021 Capital Federal • Tel.: 812 35 18, 814 07 57, 814 32
17 • Fax: 814 00 79 • Correo electrónico:
apainfo@pccp.com.ar

Chile

♦ **Colegio de Psicólogos de Chile** • Bustamante N.° 250 - Dpto.
H. • Santiago • Tel.: 635 32 69 • Fax: 6353269 •
http://www.cmet.net/profesional/sicologo.htm

España

♦ **Colegio Oficial de Psicólogos:** • Secretaría Estatal:
C/ Claudio Coello 46, 2°, Derecha • 28001 Madrid •
Tel.: 91 435 52 12, 91 431 85 71 • Fax: 91 577 91 72 •
Correo electrónico: secop@correo.cop.es • http://www.cop.es/

- Andalucía Occidental (Sevilla, Cádiz, Córdoba, Huelva y Ceuta): C/ Carlos de Cepeda 2, 2ª • 41005 Sevilla • Tel.: 95 466 30 76 • Fax: 95 465 92 37 • Correo electrónico: dsevilla@correo.cop.es

- Andalucía Oriental (Granada, Jaén, Málaga, Almería y Melilla): C/ Buen Suceso 9, 1º, Of. 8 • 18002 Granada • Tel.: 95 826 32 01 • Fax: 95 826 76 74 • Correo electrónico: dgranada@correo.cop.es

- Aragón (Zaragoza, Huesca y Teruel): C/ San Vicente de Paúl 7 • 50001 Zaragoza • Tel.: 97 620 19 82 • Fax: 97 629 45 90 • Correo electrónico: daragon@correo.cop.es

- Asturias: C/ Ildefonso Sánchez del Río 4, 1º, B • 33001 Oviedo • Tel.: 98 528 57 78 • Fax: 98 528 13 74 • Correo electrónico: dasturias@correo.cop.es

- Baleares: C/ San Miguel 30, 3º, L • 07002 Palma de Mallorca • Tel.: 97 172 43 24 • Fax: 97 172 08 47 • Correo electrónico: dbaleares@correo.cop.es

- Cantabria: C/ Atilano Rodríguez 4, 1ª,P 8 • 39002 Santander • Tel.: 94 231 05 06 • Fax: 94 231 05 06 • Correo electrónico: dcantabria@correo.cop.es

- Castilla-León (Valladolid, Burgos, Soria, Segovia, Palencia, León, Avila, Zamora y Salamanca): C/ García Morato 39, 1.º • 47006 Valladolid • Tel.: 98 327 32 47 • Fax: 98 347 83 62 • Correo electrónico: dcleon@correo.cop.es

- Castilla-La Mancha (Guadalajara, Cuenca, Toledo, Ciudad Real y Albacete): • C/ Martínez Villena 14, 2.º, Derecha • 02001 Albacete • Tel.: 96 721 98 02 • Fax: 96 752 44 56 • Correo electrónico: dcmancha@correo.cop.es

- Euskadi: C/ Rodríguez Arias 5, 2.ª Planta • 48008 Bilbao • Tel.: 94 479 52 70 • Fax: 94 479 52 72 • Correo electrónico: deuskadi@correo.cop.es

- Extremadura: C/ Almonaster la Real 1, 1° D • 06800 Mérida • Tel.: 92 431 76 60 • Fax: 92 431 20 15 • Correo electrónico: dextremadu@correo.cop.es
- Galicia: C/ Rua da Espiñeira 10, Bajo • 15706 Santiago de Compostela • Tel.: 98 153 40 49 • Fax: 98 153 49 83 • Correo electrónico: dgalicia@correo.cop.es
- Madrid: C/ Cuesta de San Vicente 4, 5.ª y 6.ª • 28008 Madrid • Tel.: 91 541 99 98, 91 541 99 99, 91 541 85 04 • Fax: 91 547 22 84, 91 559 03 03 • Correo electrónico: dmadrid@correo.cop.es
- Murcia: C/ Antonio de Ulloa 8, Bajo, Ed. Nevela Bloque 1 • 30007 La Flota - Murcia • Tel.: 96 824 88 16 • Fax: 96 824 47 88 • Correo electrónico: dmurcia@correo.cop.es
- Navarra: C/ Monasterio de Yarte 2, Bajo Trasera • 31011 Navarra • Tel.: 94 817 51 33 • Fax: 94 817 53 48 • Correo electrónico: dnavarra@correo.cop.es
- País Valenciano: C/ Compte D'Olocau 1 • 46003 Valencia • Tel.: 96 392 25 95 • Fax: 96 315 51 15 • Correo electrónico: dpaisvalen@correo.cop.es
- La Rioja: C/ Vélez de Guevara 53, 1.º Oficina 3 • 26005 Logroño • Tel.: 94 120 84 30 • Fax: 94 121 05 30 • Correo electrónico: drioja@correo.cop.es
- Las Palmas: C/ Juan M. Durán 47, 1.º • 35010 Las Palmas de Gran Canaria • Tel.: 92 822 72 35 • Fax: 92 822 72 35 • Correo electrónico: dpalmas@correo.cop.es
- Tenerife: Callao de Lima 62 • 38002 - Santa Cruz de Tenerife • Tel.: 92 228 90 60 • Fax: 92 229 04 45 • Correo electrónico: dtenerife@correo.cop.es
- **Col·legi Oficial de Psicòlegs Catalunya** (COPC) • Gran Via de les Corts Catalanes 751, 2.º, 1.ª, A • 08013 Barcelona • Tel.: 93 247 86 50 • Fax: 93 247 86 54 • http: //www.copc.org/

- **Sociedad Hispano Americana de Psicología Aplicada (Hispamap)** • Madrid • Tel.: 667 21 97 36, 619 55 93 14 • http: //www.netvision.es/zor/

Sexólogos

Argentina

- **Sociedad Argentina de Sexualidad Humana** • Paraguay 4215 • Capital Federal (1425) • Tel.-Fax: 833 48 44 • Correo electrónico: sash@inea.net.ar • http://www.sasharg.com.ar/

Colombia

- **Sociedad Colombiana de Sexología** • http://www.fungamma.org/congreso6.htm

España

- **Asociación Española de Especialistas en Sexología** • Motril • Tel.: 95 860 08 02

- **Asociación Española de Especialistas en Sexología** (AEES) • C/ Serpis 8, Porta 2, E • 46021 Valencia • Tel.: 96 369 13 93 • Fax: 96 360 78 91

- **Asociación Española de Sexología Clínica** • Madrid • Tel.: 91 448 93 27

- **Asociación Sexológica de Granada** • Granada • Tel.: 95 828 91 85

- **Asociación Sexológica Garaia** • Bilbao • Tel.: 94 446 10 05

- **Asociación Sexológica Sevillana Belerofonte** • Sevilla • Tel.: 95 457 45 92

- **Centro Andaluz de Estudios Sexológicos** (CAES) • Granada • Tel.: 95 825 80 32

- **Centro Gestalt** - Psicología - Sexología - Medicina • Benidorm - Alicante • Tel.: 96 680 08 57
- **Cepteco** • León • Tel.: 98 726 15 62
- **Escuela Española de Terapia Reichiana** • Valencia • Tel.: 96 372 73 10
- **Grupo Abierto de Estudios Sexológicos** • Madrid • Tel.: 96 326 45 93
- **Instituto Andaluz de Sexología** • Málaga • Tel.: 95 260 28 28
- **Institut de Sexologia de Barcelona** • C/ Urgell 83, Pral, 2.ª • 08011 Barcelona • Tel.: 93 453 17 46 • Fax: 93 453 17 62 • http://www.lasguias.com/isbarna2/
- **Instituto de Sexología y Psicoterapia Espill** • Valencia • Tel.: 96 369 13 93
- **Instituto de Sexología** • Málaga • Tel.: 95 260 10 16
- **Instituto de Terapia de Reencuentro** • Valencia • Tel.: 96 355 40 24
- **Itaka** • Centro de Estudios de Género y Educación Sexual • La Laguna - Tenerife. Tel.: 355 40 24
- **Seminario Permanente de Educación no Sexista** • Alhaurin de la Torre - Málaga • Tel.: 95 241 26 85
- **Sociedad Galega de Sexología** • Santiago • Tel.: 98 138 55 85
- **Sociedad Malagueña de Sexología** • Málaga • Tel.: 95 260 07 56
- **Sociedad Sexológica de Almería** • Almería • Tel.: 95 127 24 01
- **Sociedad Sexológica de Castilla-León** • Burgos • Tel.: 94 727 79 33
- **Sociedad Sexológica de Madrid** • Madrid • Tel.: 91 522 25 10

- **Societat Catalana de Sexologia** • Acadèmia de Ciències Mèdiques de Catalunya i Balears • Passeig de la Bonanova 47, E • 08017 Barcelona • Tel.: 93 784 31 55 • http://www.acmcb.es/members/show.asp
- **Federación Española de Sociedades de Sexología (FESS)** • C/ Serpis 8, Porta 2, E • 46021 Valencia • Tel.: 96 369 13 93 • Fax: 96 360 78 91
- **Asociación Estatal de Profesionales de la Sexología (AEPS)** • C/ Juan de Juan 3, 3.º, B • 47006 Valladolid • Tel.: 98 326 47 29 • Fax: 98 331 05 34

México
- **Instituto Mexicano de Sexología** • Tepic 86 Colonia Roma Sur • México D. F. 06760 • Tel.-Fax: 564 28 50 • Consultas: consultas@imesex.edu.mx • Difusión: difusion@imesex.edu.mx • http://www.imesex.edu.mx/

Bibliografía

ALCARAZ, CARMEN, *Automasaje para gente muy ocupada*. Océano Ambar, Barcelona.

ANAND, MARGO, *La senda del éxtasis*. Ed. Martínez Roca, Barcelona.

BARBACH, LONNIE, *Placeres*. Ed. Martínez Roca, Barcelona.

BAN BREATHNACH, SARAH, *El encanto de la vida simple*. Ediciones B, Barcelona.

BEDRUN, LORENA, *En tu casa o en la mía*. Aguilar, Madrid.

CASAS, DR. MIQUEL, *Vivir bajo presión*. Océano, Barcelona.

CHANG, JOLAN, *El Tao del amor y del sexo. La antigua vía china hacia el éxtasis*. Plaza y Janés, Barcelona.

CHIA, MANTAK, *Sistemas taoístas para transformar el estrés en vitalidad*. Ed. Sirio, Málaga.

—— *Secretos taoístas del amor*. Ed. Mirach, Madrid,

COMFORT, ALEX, *La alegría del sexo*. Grijalbo.

CRAZE, RICHARD, *El arte de la sexualidad tántrica*. Océano Ambar, Barcelona.

FARRÉ, DR. JOSÉ MARÍA. *Querer no es poder*. Océano, Barcelona.

GUIDI, DANIELA, *Salud y belleza de los senos*. Océano, Barcelona.

GÜELL, M. ANTONIA, *Amores y desamores. La vida en pareja*. Océano, Barcelona.

HARDING, ESTHER, *Los misterios de la mujer.* Obelisco, Barcelona.

HAURASIA, RAJIV, *El masaje tántrico.* Océano Ambar, Barcelona.

HERAUSSE, FRANÇOIS, *El Kama-sutra moderno.* Ed. Martínez Roca, Barcelona.

HOOPER, ANNE, *Guía del placer sexual.* Ediciones B, Barcelona.

IVES, PIERRE, *Encyclopedie complete de l'amour et des caresses.* Edi Inter, Ginebra.

JIMÉNEZ-PAJARERO, LETICIA S., *La alquimia del amor. Los afrodisíacos naturales.* Ed. Integral, Barcelona.

JOHNSON, ROBERT A., *Acostarse con la mujer celestial.* Obelisco, Barcelona, 1997.

KIRSTA, ALEX, *Superar el estrés.* Ed. Integral, Barcelona.

LADAS, *El punto G.* Grijalbo Mondadori.

MALTZ, WENDY, *El mundo íntimo de las fantasias sexuales femeninas.* Ed. Paidós.

MARKHAM, URSULA, *Manual de antiestrés para la mujer.* Océano Ambar, Barcelona.

MITCHELL, DANIELA, *El dolor de espalda.* Océano Ambar, Barcelona.

ORTEGA, NATALIA, *Amar toda la noche.* Océano Ambar, Barcelona.

QUALLS-CORB., NANCY, *La prostituta sagrada.* Obelisco, Barcelona.

RUSSELL, STEPHEN, *El Tao del masaje sexual.* Ed. Integral, Barcelona.

RUSH, *Descifra los mensajes del cuerpo.* EDAF, Madrid.

TAVRIS, CAROL, *La valoración de las mujeres.* Ed. Planeta Argentina, Buenos Aires.

WANG-PUH WEI, *Masaje erótico chino.* Océano Ámbar, Barcelona.

WELLS, CAROL G., *Creatividad sexual.* Ed. Robin Book, Barcelona.

Los libros de Woody Allen han sido publicados en español por Tusquets editores.

Mente, cuerpo y espíritu

Vida, movimiento y armonía interior. Libros muy prácticos, con dos grandes ejes para el desarrollo de la energía personal: el ejercicio físico y la sexualidad.

Quiromasaje, gimnasia suave, tai-chi, yoga, meditación...

Masaje erótico chino
128 pág.
84-494-1582-9

Amar toda la noche
176 pág.
84-494-1672-8

Cómo volver loco a tu hombre en la cama
160 pág.
84-494-1673-6

Automasaje para gente muy ocupada
120 pág.
84-494-1723-6

Yoga para gente muy ocupada
160 pág.
84-494-1724-4

Relajación para gente muy ocupada
160 pág.